Endres · Scheib
Prüfungsvorbereitung, Zeit- und Arbeitsplanung
in der Sekundarstufe I

Methoden-Magazin, Band 5

Wolfgang Endres

Konrad Scheib

Prüfungsvorbereitung, Zeit- und Arbeitsplanung in der Sekundarstufe I

Beltz Verlag · Weinheim und Basel

Lektorat: Cornelia Matz

© 2010 Beltz Verlag · Weinheim und Basel
www.beltz.de
Herstellung: Markus Schmitz, Altenberge
Grundlayout: Christian Herr, München
Druck: Druck Partner Rübelmann, Hemsbach
Umschlaggestaltung: glas ag, Seeheim-Jugenheim
Printed in Germany

ISBN 978-3-407-62662-2

Inhaltsübersicht

Einleitung

Prüfungsvorbereitung ist Vertrauenssache

Gute Prüfungsvorbereitung ist Vertrauenssache. »Fallen« stellen, um einen Kandidaten auf seine Standfestigkeit zu überprüfen, ist zwar ein legitimes Mittel, aber erst, wenn jemand sich seiner Sache schon sehr sicher, vielleicht sogar allzu sicher ist oder zu sein scheint. Aber in vielen Fällen ist es der falsche Zeitpunkt, jemandem auf den Zahn zu fühlen, etwa beim Abfragen von ganz frisch gelernten Vokabeln. Der »Härtetest« erfolgt zu früh. Irritationen und Verwechslungsgefahren kann nur aus dem Weg gehen, wer sich in dieser Lerngegend schon sehr gut auskennt. Wer aber spürt, dass ihm eine Falle gestellt wird, unterstellt dem Fallensteller die böse Absicht, dass er Gefallen an seinem Handeln findet und sich an seiner Schadenfreude zu ergötzen scheint.

Wenn Sie Ihre Schülerinnen und Schüler auf eine Prüfung vorbereiten, geben Sie Ihnen Signale, dass Sie bei einer Klassenarbeit oder Prüfung mit dem Ziel des Gelingens arbeiten. Bieten Sie möglichst regelmäßig ein Sicherheitstraining an. Ein solches kann schon sehr einfach damit beginnen, dass Sie bei Hausaufgaben eine Richtzeit angeben, in der die Arbeit erledigt sein müsste, wenn diese Aufgaben z. B. eine Klassenarbeit wären. Neben einem Zeittraining könnte ein Spickzetteltraining den Blick der Schülerinnen und Schüler auf das Wesentliche lenken. Das Anfertigen eines guten Spickzettels gehört nach wie vor zur idealen Prüfungsvorbereitung. Vielleicht riskieren Sie einmal ein Experiment und erlauben den Schülerinnen und Schülern (ausnahmsweise) bei einer Klassenarbeit ihren Spickzettel zu benutzen – unter der Voraussetzung, ihn mit der Arbeit abzugeben.

Schon beim Anfertigen eines Spickzettels lernen die Schülerinnen und Schüler eine der wichtigsten Voraussetzungen für erfolgreiches Lernen: Sammeln – Unterscheiden – Auswählen – Entscheiden. Das Entscheidungstraining, Wichtiges von Unwichtigem zu unterscheiden, bildet das Herzstück dieses Methoden-Magazins. Die Entscheidungsmatrix »StuFi« (unsere Wortschöpfung steht für StufenFilter) zieht sich wie ein roter Faden durch die Prüfungsvorbereitung.

Das Methoden-Magazin gibt Ihnen als Lehrerin oder Lehrer ein Methoden-Manual an die Hand, mit dem Sie verschiedene Angebote für eine sinnvolle Zeit- und Lernplanung an ihre Schülerinnen und Schüler weitergeben können. Das Methodenangebot leitet an, Übersicht und Klarheit zu schaffen, realistische Ziele zu setzen und Sicherheit zu vermitteln.

Wer effektiv und zielgerichtet arbeiten soll, muss wissen, was er bis wann und wie zu erledigen hat. Das Methoden-Magazin vermittelt mit vielen Praxisbeispielen Orientierungswissen. Die Planungshilfen sollen durch Struktur und Systematik auch Entlastung schaffen – für Lernende wie Lehrende. **Guter Unterricht ist Prüfungsvorbereitung.**

Wolfgang Endres

Referent in der Lehrerfortbildung, Gründer des Studien-
hauses St. Blasien (www.
endres.de), Mitbegründer und
Koordinator des BeltzForums
(www.beltzforum.de)

Konrad Scheib

Dipl.-Geograf und Pädagoge,
Studium am Institut für
Didaktik der Geografie,
LMU München. Leitung
Studienhaus am Dom (www.
studienhaus-am-dom.de),
Referent in der Lehrer-
fortbildung

Rüdiger Nehberg

Aktivist für Menschenrechte,
Gründer der Menschenrechtsorganisation TARGET,
die sich im Kampf gegen
weibliche Genitalverstüm-
melung engagiert

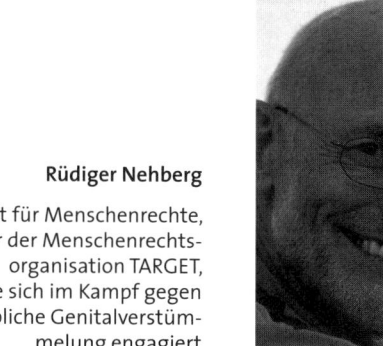

Rainer Schmidt

Evangelischer Pastor, Referent
am Päd.-Theol. Institut Bonn.
Sportliche Erfolge als Tischtennisspieler: Teilnehmer der
Paralympics 2008 (Peking),
mehrfacher Europa- und
Weltmeister

Cornelia Matz

Lektorin und Redakteu-
rin im Beltz Verlag (Lektorat Pädagogik), Diplom-
Pädagogin mit dem Schwer-
punkt Medienpädagogik
(Kontakt: c.matz@beltz.de)

Selbstdiagnose

Lernstand selbst überprüfen und Ziele formulieren

Zum Begriff »Vorbereitung«

Im Sport bezeichnet man das systematische Vorbereiten auf einen Wettkampf als Training. »To train«, aus dem das Gerundium gebildet ist, wird mit »ausbilden«, »schulen« und »üben« übersetzt. Das Trainingsprogramm dient dabei der Leistungssteigerung durch Üben. Nun sind schulische Prüfungen eigentlich keine Wettkämpfe. Trotzdem gilt auch dort das Prinzip des intelligenten Übens, mit Blick auf einen bestimmten Zeitpunkt. Wie bei einem Kochrezept ist die richtige Vorbereitung zum Gelingen wichtig. Erst wenn die Frage der Zutaten und Vorgehensweise geklärt ist, kann der gute Koch sich frei in der Rezeptur bewegen. Der Kochvorgang bekommt im Vorfeld Struktur, weil wichtige Planungsschritte bekannt sind, beachtet und kultiviert werden. Von Bedeutung ist es hierbei, dass der Koch sich die Bereitschaft zur Selbstkritik bewahrt und sich im Sinne eines korrigierenden Regelkreises immer wieder auf den Prüfstand stellt.

11 KV 1: Buchstabensalat

Zeigen Sie ihren Schülerinnen und Schülern nur ganz kurz (drei Sekunden) die nachfolgende Grafik, verbunden mit der einfachen Fragestellung. Wie viele Punkte zeigt die Folie?

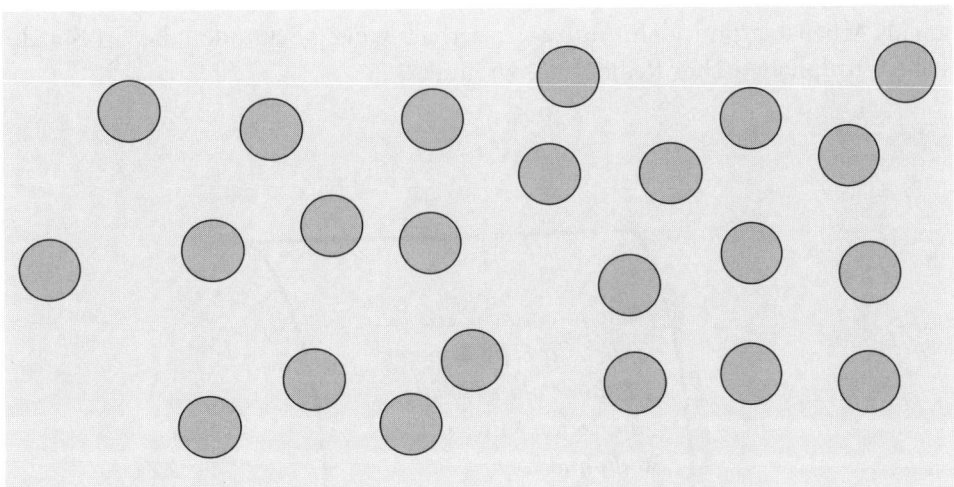

Prüfen Sie in einer kleinen Fragerunde, wie viele Punkte die Schülerinnen und Schüler ermittelt haben.

In einer ergänzenden Übung zeigen Sie ihren Schülerinnen und Schülern nun eine zweite Grafik, verbunden mit der gleichen Fragestellung. Wie viele Punkte zeigt die Folie?

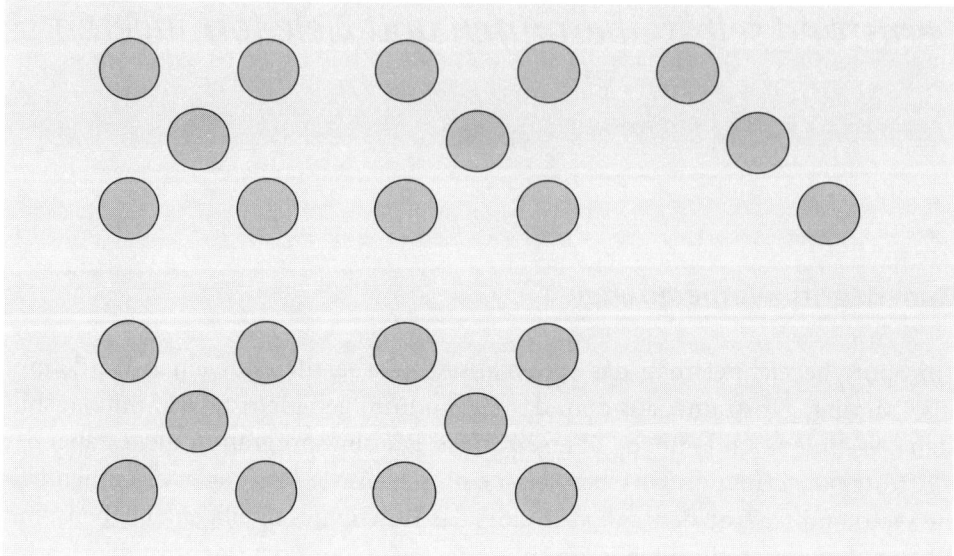

Hier kann die Lösung durch die Vorsortierung der Informationen in ein bekanntes System und Muster viel schneller erschlossen werden. Wenn der Lernende Systeme und Muster kennt und geübt hat, Neues daran anzubinden, hat er zum Gelingen des Lernens eine entscheidende Hilfe. Um sich auf Prüfungen gut vorzubereiten und die richtigen Lern- und Arbeitsstrategien einzusetzen, braucht es die Kenntnis von Methoden selbst, aber auch die Kenntnis seines eigenen Methodenrepertoires.

In der nächsten Übung zeigt sich das noch eindrucksvoller. Präsentieren Sie den „Buchstabensalat" (Kopiervorlage 1 von Seite 11) als Folie oder verteilen Sie ihn als Arbeitsblatt mit dem Auftrag, innerhalb von 30 Sekunden die Großbuchstaben in alphabetischer Reihenfolge zu finden.

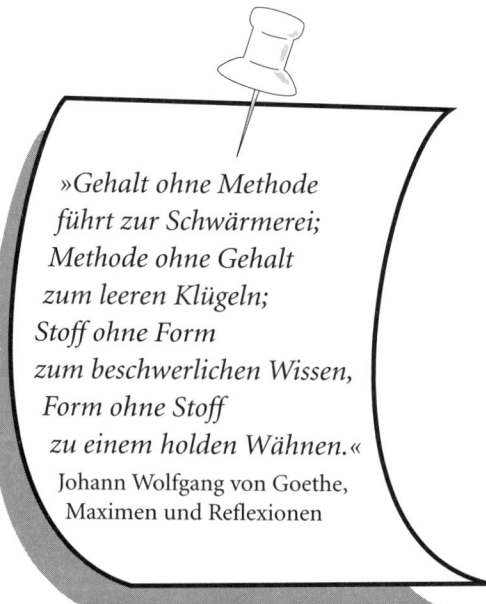

»Gehalt ohne Methode führt zur Schwärmerei; Methode ohne Gehalt zum leeren Klügeln; Stoff ohne Form zum beschwerlichen Wissen, Form ohne Stoff zu einem holden Wähnen.«

Johann Wolfgang von Goethe, Maximen und Reflexionen

1 | Buchstabensalat

Wer schafft es, das Alphabet in der richtigen Reihenfolge von A bis Z in 30 Sekunden zu finden?

A k S B C d m
b t K u T l V U C
J
e M n f W o E p X F
D V w N X g Y
Y P h i Z a I R S
q N G Q r j

Orientierungshilfe

Wahrscheinlich war das in einer halben Minute nicht zu schaffen. Versuchen Sie es in einem zweiten Durchgang – jetzt aber mithilfe dieser Aufteilung in einzelne Felder, Schritt für Schritt von Feld 1 zu Feld 2 usw.

1	2	3
4	5	6
7	8	9

Unser Gehirn, besser gesagt das Gedächtnis, funktioniert über Wiederholung und Üben. Das macht das Gehirn automatisch. Wir alle können weibliche von männlichen Gesichtern unterscheiden und nur wenige wissen, wie unser Gehirn das macht. Muster, die wir oft anwenden, prägen sich ein. Das Gehirn kann lesen, nicht indem wir jeden Buchstaben dekodieren, sondern indem wir das kommende Wort antizipieren und dann automatisch als Platzhalter einsetzen. Wir können lesen, weil wir das ständig tun, weil wir üben.

Aus diesem Grund müssen neue Lern- und Arbeitsstrategien zunächst eingeübt werden. In dieser Übungsphase kann es passieren, dass ein gewünschtes Ergebnis zunächst nicht erreicht wird. Und das Einüben neuer Strategien kann recht mühsam sein. Wer nach einiger Zeit Sportpause beginnt zu joggen, dem tun erst mal alle Glieder weh, bevor es ihm besser geht. Der Erfolg neuer Strategien und neuer oder anderer Verhaltensmuster stellt sich in der Regel nur allmählich ein. Bis dahin braucht es Geduld und Ausdauer.

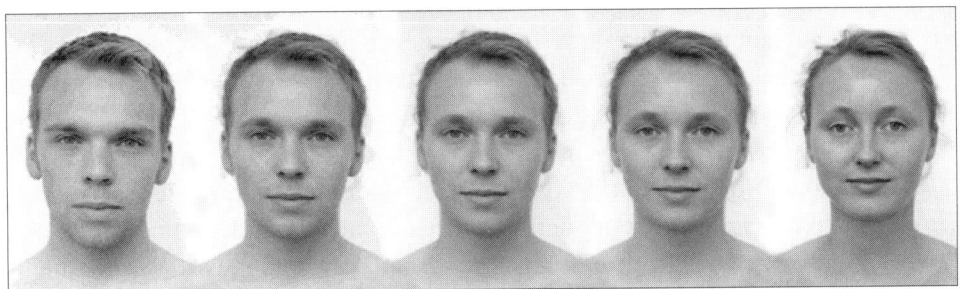

Feist, A./Bente, G. (1995): Computer-Morphing. Ein Verfahren zur Untersuchung geschlechtsspezifischer Personenwahrnehmungs- und Urteilsprozesse. Zeitschrift für Differentielle und Diagnostische Psychologie, 4, S. 256/257

Die vier Phasen einer Prüfungsvorbereitung | 1.3

Die Phasen einer Prüfungsvorbereitung lassen sich vergleichen mit dem Aufpusten eines Luftballons.

Phase I

Tief Luft holen und den ersten Puster einsetzen: Diesem ersten Kraftakt setzt der Luftballon noch sehr viel Widerstand entgegen – und das sichtbare Ergebnis ist noch ziemlich mickrig.

Phase II

Die nächsten Puster sind schon deutlich weniger anstrengend und sie führen rasch zu einem sichtbaren Ergebnis.

Phase III

Nach einer Reihe von erfolgreichen Pustern heißt es aufpassen. Die nächsten Puster müssen gut dosiert werden. Wie viel Luft passt noch hinein? Wann höre ich am besten auf? Wann droht der Ballon zu platzen?

Phase IV

Bin ich mit dem Ergebnis zufrieden, mache ich einen Knoten drunter und betrachte stolz den prächtigen Luftballon. Macht es hingegen »Peng!«, fange ich von vorne an und passe beim nächsten Luftballon besser auf. Denn mit einem einzigen Stück ist es für eine Prüfung ohnehin noch nicht getan. Auch eine Prüfungsvorbereitung besteht in aller Regel aus mehr als einem einzigen Versuch. Ein einziger Luftballon als Dekoration für eine Party wäre ja auch ziemlich dürftig.

- Für das Aufblasen eines Luftballons, ohne Einsatz von technischen Hilfsmitteln, sind zwar ein paar Voraussetzungen erforderlich, aber keine ausgesprochene Begabung. So ist es auch in vielen anderen Disziplinen, in denen man etwas kann. Wer sich auf eine Prüfung vorbereitet, will/soll/muss/darf ja beweisen, dass er etwas kann.

- Wer die Prüfung nur als notwendiges Übel sieht, hat es allein dadurch schon sehr viel schwerer mit der Vorbereitung. Denn statt einer Prüfungsmotivation, mit der man sich einer Leistungsmessung stellen will, machen sich möglicherweise Versagensangst und Vermeidungsstrategien bemerkbar. Wer sich ständig vor dem Versagen fürchtet, wer sich dauernd einredet, etwas nicht zu können, weil ihm Talent und Begabung einfach fehlen, bekommt neuerdings einen (im Grunde altbekannten) Korrekturhinweis: »Bisher existiert kein überzeugender Beweis, dass besondere Fähigkeiten angeboren sind«, sagt der Psychologe Anders Ericsson von der Florida State University, der als einer der weltweit führenden Talentforscher gilt. Er hat herausgefunden, dass spezielle Fertigkeiten wie Malen, Programmieren oder Radfahren nicht genetisch bedingt sind, sondern einzig und allein durch Üben erworben werden. Talente werden nicht gefunden, sondern geschaffen. Angeboren sind wohl bestimmte geistige Leistungen wie ein gutes räumliches Vorstellungsvermögen, aber Gene legen nicht einmal fest, wie intelligent ein Mensch wird. Zwillingsstudien zeigen zwar, dass die Höhe des IQ zu einem gewissen Grad angeboren ist, aber in stärkerem Maße gilt: Intelligenz ist Übungssache. Das jedenfalls fand der Sozialpsychologe James Flynn aus Neuseeland heraus. Und die Lernforscherinnen Christiane Fischer-Ontrup vom »Internationalen Centrum für Begabungsforschung« in Münster sowie Elsbeth Stern von der ETH Zürich stellen übereinstimmend fest: Für den Lernerfolg ist Leistungsbereitschaft wichtiger als Intelligenz. Entscheidend für das Gelingen ist, dass jemand das, was er tut, gerne tut. Wer nur das macht, was er unbedingt tun muss (also nur das Nötigste), findet keine Freude an seiner Arbeit. Wenn ich aber von mir aus, d. h. freiwillig, mehr tue, als ich tun muss, bewahre ich mir meine persönliche Freiheit.

Zu einer guten Prüfungsvorbereitung gehört auch, dass ich mir nichts vormache und keine Sprüche mache. Manchmal bringt es aber trotzdem ein lockerer Spruch auf den Punkt: **Nicht das Erzählte reicht, sondern das Erreichte zählt.**

Wo stehe ich? Was sehe ich?

Mit diesen beiden Fragen kann ich meinen Standort bestimmen, meinen Lernstand überprüfen. Die beiden Fragen sind sehr kurz und einfach, die Antworten darauf sind aber nicht ganz einfach.

Laden Sie Ihre Schülerinnen und Schüler einmal zu einem kurzen »Lernspaziergang« im Klassenzimmer ein. Alle gehen langsam und stillschweigend eine halbe Minute lang im Raum umher. Auf ein Zeichen von Ihnen sollen alle stehen bleiben und sich nicht mehr bewegen und herumdrehen. Jeder soll seine Position registrieren und sich fragen: Wo stehe ich?

Automatisch werden alle herumschauen, mit den Augen Haltepunkte, Orientierung suchen, um ihren Standort bestimmen zu können. Wenn nun einer die Frage »Wo stehst du?« beantworten soll, wird er vermutlich beschreiben, was er sieht. Jeder beantwortet die Frage nach seinem Standort aus seiner Perspektive.

Bitten Sie als Nächstes die Schülerinnen und Schüler, ihren momentanen Standort beizubehalten, aber eine andere Haltung einzunehmen, z.B., sich um 180 Grad zu drehen oder in die Hocke zu gehen, sich zu knien oder zu setzen und sich zu fragen:

Bin ich noch an derselben Stelle oder hat sich mein Standort verändert? Wie hat sich meine Sicht der Dinge verändert?

Sind der Standort und die eigene Sichtweise registriert, geht es mit der nächsten Frage weiter: Wohin will ich kommen? Jeder peilt im Raum ein Ziel an, hält kurz inne und fragt sich: Wie komme ich am einfachsten dorthin? Auf ein Zeichen setzen sich alle in Bewegung und gehen langsam auf ihr Ziel zu. Unterwegs darf niemand einen anderen berühren, schubsen oder boxen.

- Kann ich mein Ziel auf direktem Weg erreichen? Entdecke ich ein Hindernis, das ich zunächst gar nicht gesehen hatte?
- Wer oder was kommt mir in die Quere? Warte ich ab, bis der Weg wieder frei ist oder möchte ich mich am liebsten durchboxen?
- Wohin will ich kommen?

Mit dieser dritten Frage kann ich meine Ziele formulieren. Die Strategie erinnert fast schon an die Kantischen Fragen:
- Was kann ich wissen?
- Was soll ich tun?
- Was darf ich hoffen?

Nur wer seinen Standort kennt, kann die Entfernung zum Ziel definieren und weiß, ob das Ziel realistisch ist, ob es motivierend wirkt, oder ob es zu weit weg liegt und der Schülerin oder dem Schüler deshalb Angst macht. Den Sinn einer Standortbeschreibung verdeutlicht eine Arbeit von Frau Dr. Stephanie Schreblowski. In ihrem Buch »Training von Lesekompetenz« bildet sie Schülerinnen und Schüler der fünften Klasse zu Lesedetektiven aus. Sinn ist es dabei, Texte zum Eigenverständnis besser bearbeiten zu können.

Sie wendet zur Ausbildung eines Lesedetektivs eine Lesetechnik in sieben Stufen an:

1. Überschriften beachten
2. Bildlich vorstellen
3. Verstehen überprüfen
4. Wichtiges unterstreichen
5. Wichtiges zusammenfassen
6. Behalten überprüfen
7. Umgang mit Textschwierigkeiten

Dieses Training zur Textbearbeitung wird dann mit einer motivationalen Komponente ergänzt. Ziel ist die Stärkung der Eigenmotivation. Zur Plausibilisierung verwendet Frau Schreblowski zum Einstieg ein einfaches Ballwurfspiel:

Material: Drei Bälle / ein Eimer / fünf Markierungen in gleichmäßigem Abstand zum Eimer.

Spielregel: Jeder Spieler hat drei Wurf zur Verfügung. / Die Entfernung zum Ziel, also zum Eimer darf variiert werden. / Nahe Markierungen geben weniger Punkte als entferntere Markierungen. / Ziel ist es, möglichst viele Punkte zu erreichen. / Drei Spieler spielen jeweils gegeneinander.

Jeder Wurf des Spiels wird kommentiert. Die zentrale Frage lautet: Warum wirft der Werfer ab der gewählten Markierung? Nachdem ein Sieger ermittelt wurde, werden die Leistungen jedes Einzelnen im Sinne einer Bestandsaufnahme mit folgender Matrix ausgewertet:

Matrix zur Bestandsaufnahme und Bewertung von Leistungen nach Schreblowski:

Wie lautete die Aufgabe?
Was war mein Ziel und wie lautete meine Planung, um das Ziel zu erreichen?

_____

Welches Ergebnis habe ich erzielt und welche Gründe gibt es dafür?

Hatte ich Erfolg oder Misserfolg?

Ich hatte Erfolg und habe mein Ziel erreicht.
Ich hatte einen Misserfolg und habe mein Ziel nicht erreicht.

Welche Gründe gab es dafür?

Ich hatte Erfolg.
Die Aufgabe war zu leicht.
Die Aufgabe war genau richtig, und:
- Ich hatte Glück.
- Ich war gut.
- Ich habe mich angestrengt.

Ich hatte Misserfolg.
Die Aufgabe war zu schwer.
Die Aufgabe war genau richtig, aber:
- Ich hatte Pech.
- Ich bin schlecht.
- Ich habe mich zu wenig angestrengt.

Was werde ich beim nächsten Mal tun?
- Das Ziel erhöhen.
- Das Ziel beibehalten.
- Aufgeben.
- Mich mehr anstrengen.
- Ein leichteres Ziel wählen.

_____

Muss ich meine Ziele insgesamt überprüfen?
Welche Maßnahmen und Strategien habe ich zur Verfügung?

KV 2:
Fragebogen
Englisch
bis zur 7. Klasse `19`

KV 3:
Fragebogen
Englisch
ab der 8. Klasse `20`

KV 4:
Fragebogen
Französisch
bis zur 7. Klasse `21`

KV 5:
Fragebogen
Französisch
ab der 8. Klasse `22`

KV 6:
Fragebogen
Latein
bis zur 7. Klasse `23`

KV 7:
Fragebogen
Mathematik
bis zur 6. Klasse `24`

Diese Matrix wird mithilfe des Ballwurfspieles geübt und dann zum Thema »Lesekompetenz« transferiert. Dies hilft den Schülerinnen und Schülern bei der Bedarfsermittlung zum Lesetraining. Was kann ich bereits, und was muss ich noch lernen? Wenn die Schülerin oder der Schüler seinen Standort kennt, und sogar selbst bestimmen kann, auf welche Weise er sich von dieser Position aus bewegt, dann wirkt das nach den Untersuchungen von Frau Schreblowski motivational unterstützend.

Ist das Ziel zu nah, dann wirkt eine Aufgabe zu einfach und ist uninteressant. Ist die Schülerin oder der Schüler gezwungen, von weit hinten zu werfen, um das Spiel noch gewinnen zu können, dann entsteht so etwas ähnliches wie Prüfungsangst. Nicht zu verwechseln ist Prüfungsangst mit Nervosität.

So lautet die Empfehlung an die Schülerinnen und Schüler: Nach jeder Prüfung anhand der »Matrix zur Bestandsaufnahme und Bewertung von Leistung« festzustellen, an welcher Stelle man sich befindet. Dies erfordert viel Disziplin. Man kann es vielleicht vergleichen mit dem Schreiben eines Fahrtenbuches. Es dauert aber nicht wirklich lange und ist überaus hilfreich. Die Schülerin oder der Schüler schätzt sich selbst ein und erfährt bei der nächsten Prüfung die Verifizierung der Selbsteinschätzung. So hilft jede Prüfung, sich dem eigenen Standort bewusst zu werden und kognitiv zu nähern. Dadurch entstehen ein Prozess der Nivellierung und ein positives Fehlermanagement.

Bezogen auf eine rein fachlich-inhaltliche Standortbestimmung dienen spezifische Fehlerstrichlisten diesem Ziel der Fehlerkultur.

»Alle Fehler nämlich sind,
offen zu Tage, weniger wirksam:
Auch Krankheiten neigen dann
zur Gesundung, wenn sie
aus dem Verborgenen hervorbrechen
und ihre Kraft deutlich machen.«

Lucius A. Seneca, Briefe über Ethik

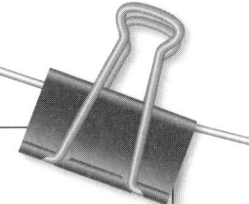

2 | Fragebogen Englisch bis zur 7. Klasse

Was wurde in deinen beiden letzten Klassenarbeiten verlangt?
(z.B. Diktat, Übersetzung, Textarbeit/Textsorte, Hörverständnis, Grammatik)

1. _____

2. _____

Was gefällt dir am Englisch-Unterricht?
(In welchen Bereichen hast du Erfolg gehabt? Was hast du gern gemacht?)

_____

_____

Womit hast du besonders Schwierigkeiten?
(z.B. Formen/Zeiten, Vokabeln, grammatische Phänomene, Deklination/Konjugation)

_____

_____

Kreuze bitte die Zeiten / Modi / Verbformen an, die dir schon bekannt sind:
- ❏ Simple present   I watch
- ❏ Present continuous/progressive   I am watching
- ❏ Present perfect   I have watched
- ❏ Present perfect continuous/progressive   I have been watching
- ❏ Simple past   I watched
- ❏ Past continuous/progressive   I was watching
- ❏ Past perfect   I had watched
- ❏ Past perfect continuous/progressive   I had been watching
- ❏ Will-future   I will watch
- ❏ Going-to-future   I am going to watch
- ❏ Future perfect   I will have watched

In welchen Bereichen möchtest du dich besonders verbessern?
- ❏ Hörverständnis (das Verstehen von gesprochener Sprache, Texte von CD, …)
- ❏ Leseverständnis (Inhalte von Texten verstehen)
- ❏ sprachlicher Ausdruck (eigenes schriftliches und mündliches Formulieren)
- ❏ Übersetzungen (Mediation)
- ❏ Diktat
- ❏ unregelmäßige Verben
- ❏ Wortschatz
- ❏ Sonstige _____

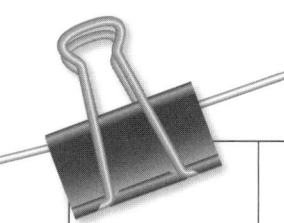

3 | Fragebogen Englisch ab der 8. Klasse

Was wurde in deinen beiden letzten Klassenarbeiten verlangt?
(z.B. Diktat, Übersetzung, Textarbeit/Textsorte, Hörverständnis, Grammatik)

1. _____

2. _____

Was gefällt dir am Englisch-Unterricht?
(In welchen Bereichen hast du Erfolg gehabt? Was hast du gern gemacht?)

_____

_____

Womit hast du besonders Schwierigkeiten?
(z.B. Formen/Zeiten, Vokabeln, grammatische Phänomene, Deklination/Konjugation)

_____

_____

Kreuze bitte die Grammatik-Themen an, die dir schon bekannt sind und in denen du dich verbessern möchtest:

❏ Zeiten   ❏ Relative clauses
❏ Conditional sentences   ❏ Modals
❏ Reported speech   ❏ Active/passive
❏ Adjektiv/Adverb   ❏ Questions
❏ Prepositions   ❏ Negation
❏ Word order

In welchen Bereichen möchtest du dich besonders verbessern?
Bitte maximal fünf Punkte auswählen!

❏ Hörverständnis (das Verstehen von gesprochener Sprache, Texte von CD, ...)
❏ Leseverständnis (Inhalte von Texten verstehen)
❏ sprachlicher Ausdruck (eigenes schriftliches und mündliches Formulieren)
❏ Wortschatz
❏ Aussprache
❏ Freies Sprechen
❏ Übersetzungen/Mediation (= sinngemäßes Wiedergeben in der anderen Sprache)
❏ unregelmäßige Verben
❏ Literatur (Interpretation, Textanalyse, Stilmittel)
❏ Style und Register (gehobenes Schriftenglisch, Umgangssprache)
❏ Textsortenmerkmale (Brief, Zeitungsartikel, Kommentar)
❏ Sonstige _____

4 | Fragebogen Französisch bis zur 7. Klasse

Was wurde in deinen beiden letzten Klassenarbeiten verlangt?
(z.B. Diktat, Übersetzung, Textarbeit/Textsorte, Hörverständnis, Grammatik)

1. _____

2. _____

Was gefällt dir am Französisch-Unterricht?
(In welchen Bereichen hast du Erfolg gehabt? Was hast du gern gemacht?)

_____

_____

Womit hast du besonders Schwierigkeiten?
(z.B. Formen/Zeiten, Vokabeln, grammatische Phänomene, Deklination/Konjugation)

_____

_____

Kreuze bitte die Zeiten / Modi / Verbformen an, die dir schon bekannt sind:

❑ le présent   je regarde

❑ le futur composé   je vais regarder

❑ l'imparfait   je regardais

❑ le passé composé   j'ai regardé

❑ le futur simple   je regarderai

❑ le conditionnel présent   je regarderais

❑ le plus-que-parfait   j'avais regardé

❑ le conditionnel passé   j'aurais regardé

In welchen Bereichen möchtest du dich besonders verbessern?

❑ Hörverständnis (das Verstehen von gesprochener Sprache, Texte von CD, …)

❑ Leseverständnis (Inhalte von Texten verstehen)

❑ sprachlicher Ausdruck (eigenes schriftliches und mündliches Formulieren)

❑ Übersetzungen

❑ Diktat

❑ Sonstige _____

5 | Fragebogen Französisch ab der 8. Klasse

Was wurde in deinen beiden letzten Klassenarbeiten verlangt?
(z.B. Diktat, Übersetzung, Textarbeit/Textsorte, Hörverständnis, Grammatik)

1. _____

2. _____

Was gefällt dir am Französisch-Unterricht?
(In welchen Bereichen hast du Erfolg gehabt? Was hast du gern gemacht?)

_____

_____

Womit hast du besonders Schwierigkeiten?
(z.B. Formen/Zeiten, Vokabeln, grammatische Phänomene, Deklination/Konjugation)

_____

_____

Kreuze bitte die Zeiten / Modi / Verbformen an, die dir schon bekannt sind:
- ❏ le présent   je regarde
- ❏ le futur composé   je vais regarder
- ❏ l'imparfait   je regardais
- ❏ le passé composé   j'ai regardé
- ❏ le futur simple   je regarderai
- ❏ le conditionnel présent   je regarderais
- ❏ le plus-que-parfait   j'avais regardé
- ❏ le conditionnel passé   j'aurais regardé
- ❏ le subjonctif présent   (il faut) que je regarde
- ❏ le gérondif   en regardant
- ❏ le participe présent   regardant

In welchen Bereichen möchtest du dich besonders verbessern?
- ❏ Hörverständnis (das Verstehen von gesprochener Sprache, Texte von CD, ...)
- ❏ Leseverständnis (Inhalte von Texten verstehen)
- ❏ sprachlicher Ausdruck (eigenes schriftliches und mündliches Formulieren)
- ❏ Übersetzungen
- ❏ Diktat
- ❏ Sonstige _____

6 | Fragebogen Latein bis zur 7. Klasse

Was gefällt dir am Latein-Unterricht?
(In welchen Bereichen hast du Erfolg gehabt? Was hast du gern gemacht?)

_____

Diese Themen interessieren mich besonders an der römischen Antike:

_____

Womit hast du besonders Schwierigkeiten?
(z.B. Formen [Deklination/Konjugation/Pronomina], Vokabeln, grammatische Phänomene)

_____

Markiere mit Zahlen aus der Auswahlliste:
1 = Das kann ich gut.
2 = In diesen Bereichen möchte ich mich verbessern.
3 = Diese Themen haben wir noch nicht durchgenommen.

❏ AcI   ❏ NcI
❏ Pc   ❏ Ablativus absolutus
❏ Konjunktiv im Nebensatz (z.B. cum, ut)
❏ Konjunktiv im Hauptsatz (z.B. Hortativ, Iussiv)
❏ Gerundium   ❏ Gerundivum
❏ Passiv

❏ Formen:
   ❏ Konjugationen, und zwar

   _____

   ❏ Deklinationen, und zwar

   _____

   ❏ Pronomina, und zwar

   _____

❏ Übersetzungstechniken:
   ❏ Übersetzen mit System
   ❏ Satzglieder bestimmen
   ❏ HS/NS unterscheiden

❏ Sonstige _____

7 | Fragebogen Mathematik bis zur 6. Klasse

Was gefällt dir am Mathe-Unterricht? (z.B. in welchen Bereichen hast du Erfolg gehabt? Was hast du gern gemacht?)

_____

_____

Womit hast du besonders Schwierigkeiten? (z.B. Addieren, Subtrahieren, Multiplizieren, Dividieren, Textaufgaben, Flächen- und Körperformen, Größen, Symmetrie, ...)

_____

_____

Markiere mit Zahlen aus der Auswahlliste:
1 = Das kann ich gut.
2 = In diesen Bereichen möchte ich mich verbessern.
3 = Diese Themen haben wir noch nicht durchgenommen.

- ❏ Geometrie (Körper allgemein, Würfel, Quader, Netze, ...)
- ❏ Grundrechenarten (Addition, Subtraktion, Multiplikation, Division)
- ❏ Rechnen mit Größen
- ❏ Handhabe von Zirkel und Geodreieck
- ❏ Umgang mit Taschenrechner
- ❏ Textaufgaben
- ❏ Berechnungen von Flächen und Körper (Würfel, Zylinder, Kegel, ...)
- ❏ Längen, Flächen- und Rauminhalte, Gewichte
- ❏ Achsensymmetrie
- ❏ Rechengesetze (Klammern, Punkt vor Strich, ...)
- ❏ Geometrische Begriffe (Punkt, Strecke, Gerade, Strahl, Winkel, ...)
- ❏ Teilbarkeit (Teiler und Vielfache, Primzahlen, ...)
- ❏ Bruchzahlen
- ❏ Dezimalzahlen
- ❏ Bewegungen (Achsenspiegelung, Drehung, Punktspiegelung, Verschiebung)
- ❏ Sonstige _____

Von den oben aufgezählten Themen sind **diese beiden** meine Stärksten:

1. _____

2. _____

»Gute Lehrer mögen nicht nur die leistungsstarken, sondern auch die schwachen Kinder. (…) Sie freuen sich am Erfolg der Kinder und sind nicht persönlich beleidigt, wenn ein Kind etwas nicht begriffen hat.«
(Remo Largo »Schülerjahre – Wie Kinder besser lernen«, Piper 2009, S. 195)

Aufrichtiges Interesse an seinen Schülerinnen und Schülern zeigt sich darin, sie wirklich kennen lernen zu wollen. Wer versteckt sich da hinter einer Haarsträhne im Gesicht, wer steckt da hinter einem gelangweilten Gesicht oder einer unsympathisch wirkenden Fassade? Aufrichtiges Interesse an seinen Schülerinnen und Schülern zu zeigen, hat nichts mit therapeutischen Ambitionen zu tun. Es beginnt »einfach« mit einem unvoreingenommenen Blick und setzt sich fort über eine offene Gesprächsbereitschaft, in der Wert darauf gelegt wird, sich in gegenseitigem Respekt zu begegnen. Lehrer, die bei ihren Schülerinnen und Schülern Respekt genießen, sind bekannt dafür, dass sie diese weder beleidigen noch vor der Klasse bloßstellen, sie schimpfen selten und schreien fast nie.

Häufig spielen in der Unterrichtspraxis Erlebnisse von Sympathie und Antipathie eine besondere Rolle. Diese emotionalen Begleitfaktoren von Lernprozessen sind einigen Lehrerinnen und Lehrern gar nicht bewusst. Eine kleine Reflexionsübung kann hier vielleicht das eine oder andere Aha-Erlebnis vermitteln.

StuFi – Stufenfilter als Entscheidungshilfe | 1.7

Um sich durch Reflexion etwas bewusst zu machen, gilt es immer wieder abzuwägen, zu bewerten und Entscheidungen zu treffen. Hat mich jetzt mehr das freche Verhalten gestört oder das arrogante Auftreten? Schätze ich die Souveränität höher als die Zivilcourage?

In diesem Methoden-Magazin zur Prüfungsvorbereitung, Zeit- und Arbeitsplanung geht es an vielen Stellen darum, Wichtiges von Unwichtigem zu unterscheiden, Qualitätsmerkmale anzulegen und zwischen mehreren Optionen auszuwählen. Deshalb wird schon an dieser Stelle (an der es inhaltlich nicht wirklich wichtig ist), eine Entscheidungsmatrix[1] zum Kennenlernen eingeführt. Mit dem Stufenfilter führen Sie und Ihre Schülerinnen und Schüler systematisch Schritt für Schritt, Stufe für Stufe eine Entscheidung herbei (vgl. Kopiervorlage 8). Angenommen, Sie möchten mit den von Ihnen angekreuzten Eigenschaften eine Rangliste erstellen. Wählen Sie z. B. zehn besonders positive Merkmale aus.

27 | KV 8:
StuFi

---

1 in Anlehnung an Bolles, »Durchstarten zum Traumjob – Das Workbook«, Campus Verlag, Frankfurt/
New York, 2002

Sonnige Schülerinnen und nervige Schüler

Schon die Überschrift verrät unterschwellig eine tendenzielle Wahrnehmung. Mit welchen Schülermerkmalen und -eigenschaften kommen Sie gut zurecht? Markieren Sie diese mit zwei ++ für sehr gut oder einem + für gut. Und denen, mit denen Sie die größte Mühe haben, geben Sie zwei – –, bzw. ein – für große Mühe.

Deuten Sie die Eigenschaften spontan aus Ihrer Sicht, ohne dass Sie jedes Merkmal längere Zeit aus verschiedenen Perspektiven betrachten.

Merkmale und Eigenschaften

☐ ausdauernd	☐ schnell beleidigt	☐ modebewusst
☐ ehrlich	☐ fröhlich	☐ hochnäsig
☐ höflich	☐ melancholisch	☐ mutig
☐ unpünktlich	☐ rücksichtsvoll	☐ ängstlich
☐ strebsam	☐ durchsetzungsfähig	☐ dankbar
☐ couragiert	☐ zornig	☐ langsam
☐ vorlaut	☐ aufbrausend	☐ flink
☐ faul	☐ hilfsbereit	☐ altklug
☐ begriffsstutzig	☐ schnippisch	☐ übereifrig
☐ aggressiv	☐ brav	☐ souverän
☐ still	☐ frech	☐ tollpatschig
☐ schüchtern	☐ lustig	☐ sorgfältig
☐ verträumt	☐ dumm	☐ schlampig
☐ laut	☐ aufmerksam	☐ rechthaberisch
☐ clever	☐ dreist	☐ bemüht
☐ hochbegabt	☐ anspruchsvoll	☐ cool
☐ hyperaktiv	☐ überfordert	☐ gesundheitsbewusst
☐ sportlich	☐ kreativ	☐ zuverlässig
☐ redegewandt	☐ unterfordert	☐ _____
☐ musikalisch	☐ übergewichtig	☐ _____
☐ rücksichtslos	☐ machohaft	☐ _____
☐ ironisch	☐ magersüchtig	
☐ bescheiden	☐ pedantisch	

Wer sind Ihre Favoriten? Betrachten Sie die Merkmale und Eigenschaften mit den Pluszeichen, so erfahren Sie etwas über Ihre Lieblingsschüler. Bei den Minuszeichen in der Liste haben Sie wahrscheinlich eher Ihre Nervensägen oder gar »Fieslinge« vor Augen, die kleineren und größeren »Burn-out-Förderer«.

In Prüfungssituationen besteht die latente Gefahr, unterschwellige Zu- oder Abneigung stärker mitspielen zu lassen als beabsichtigt.

StuFi

StufenFilter als Entscheidungshilfe

Themenliste — **Rangliste**

Themenliste	Rangliste									
A										
B	A	B								
C	A	B	C	C						
D	A	B	C	D	D	D				
E	A	B	C	D	E	E	E	E		
F	A	B	C	D	E	F	F	F	F	F
G	A	B	C	D	E	F	G	G	G	G
H	A	B	C	D	E	F	G	H	H	H
I	A	B	C	D	E	F	G	H	I	I
K	A	B	C	D	E	F	G	H	I	K

Themen

Anzahl der Kreise

Endgültige Rangliste

	Meine Favoriten
A	1.
B	2.
C	3.
D	4.
E	5.
F	6.
G	7.
H	8.
I	9.
K	10.

Beispiel StuFi ausgefüllt

StufenFilter als Entscheidungshilfe

	Themenliste	Rangliste									
A	mutig										
B	musikalisch	(A)	B								
C	ehrlich	A	B								
		(C)	(C)								
D	ausdauernd	A	B	C							
		(D)	(D)	D	D						
E	fröhlich	A	B	(C)	D						
		(E)	(E)	E	E						
F	rücksichtsvoll	A	B	(C)	D	E					
		(F)	(F)	F	F	(F)					
G	durchsetzungsfähig	(A)	(B)	(C)	(D)	(E)	(F)				
		G	G	G	G	G	G				
H	hilfsbereit	(H)	(H)	(H)	(H)	H	H	(H)			
		H	H	H	H	H	H	H			
I	clever	(A)	(B)	(C)	(D)	(E)	F	G	(H)	I	
		I	I	I	I	I	I	I	I		
K	zuverlässig	(A)	(B)	(C)	(D)	(E)	F	G	(K)	(K)	(K)
		(K)	(K)	K	K	(K)	(K)	(K)	(K)		

Themen

	Anzahl der Kreise	Endgültige Rangliste	Meine Favoriten
A	3	7	1. ehrlich
B	2	8	2. zuverlässig
C	8,5	1	3. rücksichtsvoll
D	4	6	4. fröhlich
E	6	4	5. hilfsbereit
F	7	3	6. ausdauernd
G	0	10	7. mutig
H	5	5	8. musikalisch
I	1	9	9. clever
K	8	2	10. durchsetzungsfähig

1. Schritt

Tragen Sie Merkmale und Eigenschaften in beliebiger Reihenfolge von A bis K in die erste Spalte »Themenliste« ein, z. B.: mutig, musikalisch, ehrlich, ausdauernd, fröhlich, rücksichtsvoll. durchsetzungsfähig, hilfsbereit, clever, zuverlässig

2. Schritt

Jetzt vergleichen Sie die Eigenschaften A (mutig) mit B (musikalisch). Sie entscheiden, welches Merkmal Ihnen mehr bedeutet und kreisen in der Rangliste das wichtigere ein, z. B. das A. In der nächsten Zeile vergleichen Sie A (mutig) mit C (ehrlich) und kreisen z. B. C ein; dann vergleichen Sie B (musikalisch) mit C (ehrlich) und kreisen von diesen beiden das wichtigere ein, z. B. ebenfalls C. So gehen Sie Zeile für Zeile, Buchstabe für Buchstabe, vor und vergleichen jeweils den oberen Buchstaben mit dem darunter stehenden.

3. Schritt

Zählen Sie nun, wie oft Sie jeden Buchstaben eingekreist haben und schreiben Sie die Anzahl hinter den jeweiligen Buchstaben in der nächsten Spalte. Nun können Sie die endgültige Rangliste erstellen. Der Buchstabe mit der höchsten Zahl der Kreise bekommt die Ziffer 1, der mit der nächsthöheren Zahl die 2 etc. Bleibt noch die Frage, was tun, wenn mehrere Buchstaben gleich häufig markiert wurden? Für den Fall gehen Sie noch einmal zurück in die Rangliste und schauen Sie, wo Sie diese beiden Eigenschaften direkt miteinander verglichen haben. Welche von beiden haben Sie dort eingekreist? Dann geben Sie diesem Buchstaben noch einen halben Punkt dazu, und schon erhalten Sie eine eindeutige(re) Rangliste.

4. Schritt

Wenn Sie Ihr Entscheidungstraining mit dem »StuFi« (»trainingshalber«) förmlich abschließen möchten, übertragen Sie Ihre endgültige Rangliste in die letzte Spalte »Meine Favoriten«. Wenn Sie eine solche Liste einmal (z. B. bei einer Pädagogischen Konferenz oder einer schulinternen Lehrerfortbildung) mit anderen Kolleginnen und Kollegen besprechen, stellen Sie vielleicht eine Übereinstimmung mit Ihrer Einschätzung fest. Wahrscheinlich verbinden Sie einige Eigenschaften sofort mit bestimmten Namen. Denn manche Schülerinnen und Schüler werden mit ihrem Verhalten von fast allen Lehrerinnen und Lehrern als Zumutung empfunden. Doch Sie werden auch feststellen, was vielleicht Sie auf die Palme bringt, lässt Ihren Kollegen völlig ruhig und gelassen – er aber reagiert allergisch auf Eigenarten, mit denen Sie keinerlei Probleme haben. Diese Übung zur Selbstreflexion kann entlasten. Sie eignet sich neben der Selbsterfahrung auch für Supervision und kollegialen Austausch. Sie schaffen für sich selbst mehr Transparenz und wappnen sich durch größere Distanz gegen eine möglicherweise zu starke emotionale Belastung.

Schüler-Beobachtungsbogen

Eine sehr viel konkretere Unterstützung, seine Schülerinnen und Schüler kennen zu lernen, bietet ein Schüler-Beobachtungsbogen. Im Blick auf eine erforderliche Hilfestellung zur Prüfungsvorbereitung könnte ein solches Formular hilfreich sein. Die Eintragungen liefern zudem wertvolle Anhaltspunkte für die Notengebung. Am besten nehmen Sie sich an einem bestimmten Tag nur einige wenige Schüler vor. Nachdem Sie im Abstand von einigen Monaten zwei oder drei Einschätzungen eingetragen haben, haben Sie eine Übersicht über die Entwicklung und können den aktuellen Stand als Mittelwert in die ersten Spalten vor den einzelnen Kriterien eintragen.

Wenn Schülerinnen und Schüler in diesen Punkten Rückmeldung vom Lehrer bekommen, erfahren sie, worauf es dem Lehrer (sonst noch) ankommt. So kann der junge Mensch alle wesentlichen Facetten seines Wesens entwickeln, insbesondere seine Stärken – auch in den Bereichen, mit denen er im Unterricht vielleicht gar nicht zum Zuge kommt.

KV 9:
Schülerbeobach-
tungsbogen (1) **31**

KV 10:
Schülerbeobach-
tungsbogen (2) **32**

Der letzte Punkt in dem Beobachtungsbogen ist wohl der wichtigste: das Selbstwertgefühl. Mit einem guten Selbstwertgefühl werden Schülerinnen und Schüler eine Prüfung auch mit Zuversicht in Angriff nehmen. Deshalb bezieht sich eine gute Prüfungsvorbereitung sowohl auf die fachlich-inhaltliche Seite als auch auf die Beziehungsebene. Es ist auch für Lehrer ein Erfolgserlebnis, wenn Schülerinnen und Schüler mit einem gesunden Selbstwertgefühl und mit der Einstellung in eine Prüfung gehen: »Ich schaffe es!«

»Wir helfen einem Menschen mehr,
wenn wir ihm ein günstiges Bild
seiner selbst vorhalten,
als wenn wir ihn unablässig mit
seinen Fehlern konfrontieren.«

Albert Camus

9 | Schülerbeobachtungsbogen (1)

Name				Klasse				Schuljahr		
Einschätzung			Lern- und Arbeitsverhalten	Datum			Datum		Datum	
+	o	−								
				+	o	−	+	o	−	+	o	−
			Arbeitshaltung									
			Ausdauer									
			Konzentration									
			Gedächtnis									
			Geduld									
			Mitarbeit									
			Motivation									
			Arbeitsorganisation									
			Selbstständigkeit									
			Sorgfalt									
			Arbeitstempo									
			Pünktlichkeit									
			Klassenarbeitsvorbereitung									
			Präsentation									
			Portfolio									

Ist Unterstützung erforderlich?   In welcher Form?

10 | Schülerbeobachtungsbogen (2)

Name				Klasse			Schuljahr		
Einschätzung			**Sozialverhalten und Persönlichkeit**	**Datum**			**Datum**			**Datum**		
+	o	−										
				+	o	−	+	o	−	+	o	−
			Einfühlungsvermögen									
			Hilfsbereitschaft									
			Durchsetzungsvermögen									
			Kommunikationsfähigkeit									
			Konfliktverhalten									
			Teamgeist									
			Verlässlichkeit									
			Verantwortungsbewusstsein									
			Toleranz									
			Regeleinhaltung									
			Respekt									
			Ehrlichkeit									
			Anstand									
			Engagement in freiwilliger AG									
			Selbstwertgefühl									

Wie die Stärken stärken?   Wie die Schwächen schwächen?

Eine Vorbereitung auf eine Prüfung ist bei genauem Hinsehen eine Managementaufgabe. Gemanagt werden müssen die Ressourcen zum Gelingen der Aufgabe. Auf der einen Seite stehen die wissensstoffbezogenen Quellen und Mittel. Auf der anderen Seite gilt es, die Fähigkeiten und Qualitäten des Lernenden selbst optimal zu nutzen. Beides gehört zusammen.

In der kanadischen Mädchenschule »The Bishop Strachan School« in Toronto legt man besonderen Wert auf das genaue Hinsehen. Dort müssen sich die Schülerinnen vom ersten Schuljahr an in regelmäßigen Abständen selbst zeichnen. Die Lehrerinnen und Lehrer geben den Schülerinnen hierzu einen kleinen Spiegel an die Hand. Einen kleinen Spiegel, das ist wichtig, damit man sein Gesicht entdecken muss. Der Spiegel zeigt den Schülerinnen nicht, wie sie sich selbst sehen möchten, er bildet die Realität ab und erlaubt den Schülerinnen einen Blick, eine Reflexion auf die Dinge wie sie sind.

Das Herz und der Blick auf die Dinge, wie sie sind, sind die Begleiter auf dem Weg zum Können. Der Spiegel konfrontiert mit der Realität. Hierbei entstehen Fragen und die Beobachterin lernt sich kennen. Durch die Wiederholung im Halbjahresrhythmus begreift und lernt die Schülerin auch die Veränderung wahrzunehmen. Der Spiegel dient der Lernenden als Trainingsgerät zur objektiven Selbstwahrnehmung und zur Entwicklung einer Feedbackkultur.

Ähnliche Übungen zur Selbstwahrnehmung sind vielfältig möglich. Da sind z.B. große Körperbilder, die auf ein Konzeptpapier gezeichnet werden denkbar. Die Körperzeichnung wird dann mit Fähigkeiten und Eigenschaften zu der Schülerin oder zum Schüler selbst versehen. Möglichkeiten der digitalen Fotografie und deren Bildbearbeitung erlauben ebenfalls ein genaueres Selbstverständnis. Durch digitale Aufbereitung können visuelle Wahrnehmungen auch gut mit auditiven Bilderänzungen verbunden werden. Man denke daran wie interessant es ist, seine eigene Stimme zu hören.

Bei den genannten Aufgaben sind Wahrnehmungen immer mit Reflexionen verbunden. In Gruppenübungen können dann auch Selbstwahrnehmungen mit Fremdwahrnehmungen verglichen werden. Dies führt zur Objektivierung und Versachlichung eigener Ergebnisse. Damit Schülerinnen und Schüler visuelle Wahrnehmungsübungen auch gerne und ehrlich machen, müssen die Übungen gut vorbereitet und initiiert sein. Sich selbst vorzustellen, sich selbst zu zeigen, sich selbst zu zeichnen, das erfordert Mut und einen geschützten Rahmen. Also bitte mit einfachen Übungen beginnen und erst dann komplexe, geschichtete Fragestellungen anbieten!

Wahrnehmungsübungen müssen gut vorbereitet werden, damit sie ernst genommen werden und authentisch sind. Der Zeichenübung »Wer bin ich?« soll die Übung zu verschiedenen Merktechniken mit der Bezeichnung »4x gut gelernt« vorgeschaltet sein (Kapitel 1.11, Seite 37). Diese Übung macht die Sinnhaftigkeit verschiedener Lernexperimente deutlich und führt zur Bereitschaft des Zeichnens.

34 KV 11: Spiegelbilder

> *»Ein großer Fehler:*
> *Dass man sich mehr dünkt,*
> *als man ist,*
> *und sich weniger schätzt,*
> *als man wert ist.«*
> Johann Wolfgang von Goethe, Maximen und Reflexionen

11 | Spiegelbilder

Wer bin ich?

Versuche dich selbst kennen zu lernen. Nimm einen großen Spiegel und zeichne die Konturen deines Kopfes.

Teile deine Konturen in gleiche Teilbereiche auf. Zeichne nun mit einem kleinen Spiegel diese Teilbereiche deines Gesichtes aus und setze somit dein Gesicht zusammen.

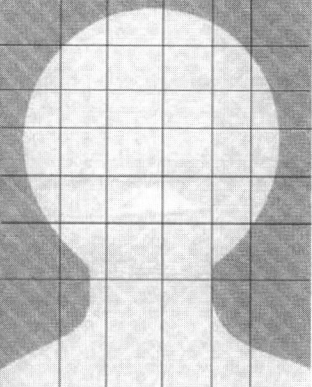

Schreibe nun in diese Teilbereiche positive und negative Eigenschaften und Vorlieben. Variante: Schreibe statt der Eigenschaften oder Vorlieben Lernziele oder Ideale in die Teilbereiche.

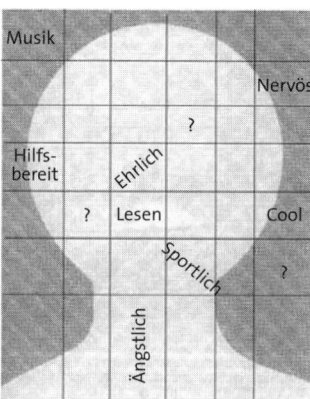

Wenn meine Schülerinnen oder meine Schüler wissen, wer sie sind, dann kennen sie ihre Stärken ebenso wie ihre Schwächen. Er kennt dann auch seine Ziele und Bedürfnisse, seine kurzfristigen, seine mittelfristigen und seine langfristigen. Dies wiederum ist ein hohes Ziel von Allgemeinbildung: Ich weiß, wer ich bin.

Wenn mein Schüler weiterhin weiß, was er weiß, welches Fachwissen ihm bekannt ist, welcher Lerntyp er ist und welche Lernvorlieben er hat, dann kann er sein Strategienrepertoire optimal einsetzen.

- Ist der Schüler gegenwartsorientiert oder blickt er in die Zukunft?
- Wie definiert er für sich Erfolg?
- Was will er erreichen und welche Kompetenzen sind für ihn wichtig?
- Wie definiert er seinen Leistungswillen?

Wenn der Lernende wichtige Strategien kennt, Strategien, die speziell auf die Schülerin oder den Schüler selbst, individuell zugeschnitten sind, dann werden Prüfungen leichter. »Stärken stärken und Schwächen schwächen« wird erst dann möglich, wenn die Schülerin oder der Schüler so objektiv wie möglich den Blick auf sich und seine Fähigkeiten geschärft hat. Werden Schülerinnen und Schüler dadurch zu Persönlichkeiten, dann dienen sie den jüngeren Schülern als Vorbilder, sie werden zu Mentoren. Viele Dinge nehmen wir nur sehr oberflächlich wahr, obgleich deren Kenntnis uns eigentlich wichtig ist oder zumindest sein sollte. Welche Augenfarbe haben deine Eltern? Dies wäre eine Frage an Schülerinnen und Schüler, um aufmerksam zu machen auf diese Oberflächlichkeiten des Alltags.

Stellen sie als Lehrerin oder Lehrer einen Glasbehälter auf ihr Pult, der gefüllt ist z.B. mit Mandeln. Spätestens in der zweiten Stunde wollen die Schülerinnen und Schüler wissen, was da drin ist, in dem Glas und wie viel davon. Warum wollen sie so etwas wissen? Weil sie sich damit beschäftigt haben. Ein solches Szenario lädt ein zu schätzen. Wie viele Mandeln sind das wohl? Wer sich Fragen stellt, will auch die Antworten dazu kennen lernen. Meistens!

Unser Alltagswissen beschäftigt sich selten mit uns umgebenden Phänomenen. Wir betrachten unsere Lebenswelt oft sehr oberflächlich. Dabei liegen die Fragen sozusagen regelrecht auf der Straße:

- Warum brennt eine Kerze?
- Woher weiß die Seife, was der Schmutz ist?
- Warum ist der Himmel blau?
- Warum sind Sonnenuntergänge manchmal so farbenprächtig?
- Wie funktioniert eine Batterie?
- Was ist Feuer?
- Wie macht man Butter?
- Worin unterscheiden sich Salz und Zucker?
- Wie funktioniert ein Handy?
- Warum brechen Meereswellen immer parallel zur Küste?
- Warum kann man durch Luft durchsehen?
- Müssen Fische trinken?
- Warum fällt ein schlafender Vogel nicht vom Baum?

> »Es ist sonderbar, dass nur außerordentliche Menschen die Entdeckungen machen, die hernach so leicht und simpel scheinen; dieses setzt voraus dass die simpelsten, aber wahren Verhältnisse der Dinge zu bemerken, sehr tiefe Kenntnisse nötig sind.«
> Georg Christoph Lichtenberg, Sudelbücher

Das Ziel einer guten Bildung ist die Objektivierung des Wissens. Dazu dienen eine geschulte Wahrnehmung und eine realistische Selbstreflexion.

1.10 | Warum ist Lernen sinnvoll?

Wenn etwas sinnvoll ist, dann ist es durchdacht, vernünftig und verständlich. Wenn Dinge sinnlich sind, dann sind sie leichter zugänglich. Sind sie sinnlos oder unsinnig, dann werden sie als töricht, absurd und unvernünftig wahrgenommen. Sich besinnen heißt überlegen, reflektieren und sich bewusst machen.

Der Sinn des Lernens
Warum ist der Erwerb von Wissen und Bildung sinnvoll?

→ Wissen und Bildung schaffen Optionen, sich in der Welt zu Recht zu finden.

→ Wissen und Bildung schützen vor Armut.

→ Bildung ermöglicht Orientierungswissen, es schafft Definitionsmöglichkeiten der Lebenszufriedenheit.

→ Ausbildung schafft Toleranz und Selbstbewusstsein.

→ Die Wahrscheinlichkeit, eigenen Wünschen zur Existenz zu verhelfen, steigt mit zunehmender Bildung – Das Leben und die Arbeit werden zur zufriedenstellenden Tätigkeit.

→ Wissenserwerb führt in der Summe zu intelligentem Wissen: Es schafft Maßstäbe und neue Fragestellungen. Transferaufgaben können dann besser eingeordnet werden.

→ Wissen und Bildung unterstützen das Streben nach Glück.

→ Wissen und Bildung schaffen die Erkenntnis vom Wesen der Dinge.

→ Viel Halbwissen ist hinderlich.

→ Wissen ist die Voraussetzung von Kreativität.

→ Die Welt verbessern zu wollen und Gerechtigkeitssinn sind bei jungen Menschen intensiv ausgeprägt. Je mehr junge Menschen wissen, umso mehr Möglichkeiten eröffnen sich.

→ Das höchste Gut des Menschen, die freie Entscheidung ist abhängig von unserer Bildung.

Die aktive Auseinandersetzung mit einem neuen Thema lässt es interessant werden. Wichtig ist hierbei, die Offenheit zu erhalten, sich auf eine neue Frage einzulassen. Alleine das Sich-Beschäftigen mit etwas motiviert. Warum wollen wir reisen? Weil wir uns mit dem Ziel schon beschäftigt haben. Weil man Filme gesehen hat, weil man von Freunden Geschichten und Erzählungen gehört hat, weil man Bücher gelesen hat, weil man sich irgendwie mit einem Reiseziel schon beschäftigt und sich davon eine Vorstellung gebildet hat.

Ziel dieser Übung ist es, unterschiedliche Lernexperimente in Form von verschiedenen Merktechniken kennen zu lernen und weiterhin zu erfahren, dass man sich auf Außergewöhnliches einlassen kann. Die Bereitschaft des Zeichnens wird hierbei entriert und eröffnet. Wichtig ist, dass die Schülerinnen und Schüler zwischen den einzelnen Teilübungen, durch andere Aufgaben, dazu gebracht werden, die Richtung ihres Denkens zu verändern. Sie sollen auf andere Gedanken gebracht werden. Dadurch wird verhindert, dass Merktechnikübungen ausschließlich ergebnisorientiert bearbeitet werden. Nach einer solchen Zwischenübung wird überprüft, wie viele Begriffe der Lernende durch die Merktechnik behalten hat. Der Schüler nimmt wahr, dass unterschiedliche Techniken zu unterschiedlichen Ergebnissen führen. Und das die Ergebnisse individuell unterschiedlich sind. Beginnt der Lehrer diese Übung mit einer Merktechnik, die mit dem Zeichnen verbunden ist, wird er die Schüler nur schwer dazu bewegen, dies zu tun. Startet er mit der Übung Lückentext, machen alle mit und trauen sich dann später auch z. B. den Begriff »Strategie« zu zeichnen. Bereitschaft zu merkwürdigem kann also aktiv herbeigeführt werden.

Systematisch-logische Merktechnik

Der Schüler hört 12 Begriffe, die er in vorgegebener Art und Weise notiert. Die Notation besteht zunächst in der Niederschrift des ersten Buchstabens, dann folgen die weiteren Buchstaben, jeweils als Lückenstrich pro Buchstabe. Und am Ende des Wortes wird der letzte Buchstabe wieder notiert.

Beispiel:
Notiere den Begriff Schneeleopard als Lückentext.

S _ _ _ _ _ _ _ _ _ d

Begriffe:
Spiegel, Angst, Selbstwahrnehmung, Bibliothek, Parlament, Spielen, Zufall, Rahmenbedingungen, Planungsinstrumente, Lernpartner, Fluglotse, Checkliste.

Assoziativ-fantasievolle Merktechnik

Der Schüler hört 12 Begriffe und notiert in wenigen Worten seine Assoziation, ohne die zu merkenden Begriffe zu nennen.

Beispiel: Vokabeltest
Lösungsvorschlag: Ich muss noch Wörter lernen.

> »Man muss sich einfache Ziele setzen, dann kann man sich komplizierte Umwege erlauben.«
> Charles de Gaulle

Zu diesem Wort fällt mir Folgendes ein:

Kalender

Internet

Gedächtnis

Motor

Mathematik

Denksport

Qualität

Musik

Zugspitze

Turnhalle

Frühstück

Tagebuch

Spielerische Merktechnik
Der Meister und sein Schüler

Der Schüler sucht sich einen Lernpartner. Und wird dann zum Meister. Der Meister erklärt dem Lernpartner sechs ungewöhnliche Begriffe, die er zuvor aus dem Lexikon ausgesucht hat. So lange, bis der Lernende diese Begriffe kann. Der Meister prüft das ab. Dann werden die Rollen vertauscht.

Begriffsbeispiele: Havamal, Klarett, Slink, Hülbe, Labrum, Kolpos.

Künstlerisch-emotionale Merktechnik

Der Schüler hört 12 Begriffe, und notiert diese Begriffe als Zeichnung.

Beispiel:
Begriff: Ziel   Zeichnung:

Begriffe: Schule, Konzentration, Faul, Klassenarbeit, Können, Sinnvoll, Appetit, Fit, Strategie, Vorlesen, Planung, Erfolg.

Bei einer Prüfungsvorbereitung kommt es darauf an, sich einen Überblick zu verschaffen, was noch vor einem liegt. Doch mindestens genauso wichtig ist es, eine Übersicht zu haben, was ich bereits zum Prüfungsthema gelernt, gelesen und geschrieben habe. Erfahrungen, die ich schon gesammelt habe und Kenntnisse, die ich bereits erworben habe, beeinflussen in hohem Maße das, was ich Neues lernen und behalten will. Denn dieses Vorwissen bildet die Basis, an die neue Informationen angeschlossen werden können. Denn müsste das Gedächtnis völlig Neues oder gar Unverstandenes speichern, würde es sich heftig dagegen sträuben. Lernen von nicht verstandenem Stoff wäre wie das Pauken von Vokabeln ohne Übersetzung. Davon könnte selbst das beste Gedächtnis kaum etwas behalten. Entdecke ich beim Lernen aber »gute alte Bekannte«, reagiert mein Gedächtnis mit Interesse und Aufmerksamkeit, vielleicht sogar »freudig erregt« mit Begeisterung.

Das Verstehen ist das A und O für das Behalten. Deshalb kommt es bei der Prüfungsvorbereitung nicht als Erstes darauf an, etwas behalten zu wollen, sondern das Allerwichtigste ist zunächst einmal, den Stoff zu verstehen oder verstehen zu wollen.

Mit diesen drei Fragen, die ich mir bei der Prüfungsvorbereitung immer wieder selber stelle, bin ich also gut beraten:

1. Warum ist mir dieser Lernstoff wichtig?
2. Was kann ich damit anfangen?
3. Wie erkläre ich das, was ich hier vor mir habe, einem anderen?

Wer beim Lernen nach Sinn und Bedeutung sucht, betreibt aktives Wiederholen und erzielt effektives Lernen. Ein kleiner Test zeigt, dass ich z.B. einzelne Wörter allein dadurch besser behalte, dass ich mich mit ihnen beschäftige. Dazu genügt es manchmal schon, sich auf ganz »banale« Art mit ihnen zu befassen. Die Kopiervorlage 12 enthält zusammenhanglos aufgelistete Wörter, die nach einer bestimmten Anleitung zügig bearbeitet werden sollen. Im Anschluss an diese Bearbeitung werden die Blätter beiseite gelegt. Nun schreibt jeder alle Wörter auf, an die er sich noch erinnert. Danach vergleicht jeder seine Kurzzeitgedächtnisliste mit der Kopiervorlage und geht den Fragen nach:

1. Was hat es mir gebracht, die Vokale gezählt zu haben? (War das bereits eine Form, sich mit dem Wort zu befassen?)
2. Aus welcher Bewertungskategorie konnte ich die meisten Wörter erinnern? Kann ich eine Tendenz zwischen + + und – – erkennen?
3. Habe ich mich auch an unbekannte Wörter erinnert, wie Tibia, Kemantsche oder Lamia?

Bevor Sie diese kleine Übung in der Klasse einsetzen, testen Sie die Wirkung zunächst einmal für sich selbst.

»Lernen tut weh,
Können macht Freude.«
Prof. Dr. Elsbeth Stern
in einem Interview mit
Wolfgang Endres

40 KV 12:
»Krampf zum
Nachdenken«

12 | »Krampf zum Nachdenken«

1. Lies in der folgenden Liste Wort für Wort und zähle nur die Vokale des Wortes.
2. Trage in der ersten Spalte hinter jedem Wort die Anzahl der Vokale ein.
3. Was verbindest du mit diesem Wort oder was bedeutet es dir? Markiere in der zweiten Spalte, welche Eindrücke/Empfindungen du damit verbindest/assoziierst.

++ sehr positive / + grundsätzlich positive / o keine / – eher negative / – – sehr negative

Das Wort	Vokale	Mein Eindruck/meine Assoziation
Grammatik		
Fantasyroman		
Freiheit		
Ausdauer		
Gedächtnis		
Tibia*		
Prüfungsvorbereitung		
Toleranz		
Disziplin		
Museumsbesuch		
Tennisturnier		
Mathematik		
Kemantsche**		
Humor		
Gerechtigkeit		
Pünktlichkeit		
Zivilcourage		
Open-Air-Festival		
Violinkonzert		
Regenwald		
Medizinstudium		
Spiegel		
Kalifornien		
Mittelalter		
Golfschläger		
Biologie		
Computerspiel		
Melodie		
Diskussion		
Lamia***		
Flugticket		
Geheimnis		
Fußballstadion		

* Flöte aus Knochen

** Gebäck aus Pflaumenmus

*** Schreckgespenst aus Griechenland

Wer Informationen an Vorwissen knüpfen kann, ist im Vorteil. Wer Gedichte von Ringelnatz kennt und diese toll findet, lernt diese Gedichte leichter als andere, die er nicht so schön findet. Wer schon Informationen zu einem neuen Thema hat kann neue Informationen bereits an diese Kenntnisse anknüpfen. Wer bereits eine romanische Sprache kennt, lernt eine zweite romanische Sprache leichter.

Eine geschulte Wahrnehmung und eine realistische Selbstreflexion – Metakognition

Metakognition

ist ein Sammelbegriff für Phänomene, Aktivitäten und Erfahrungen, die mit dem Wissen und der Kontrolle über eigene kognitive Funktionen (z. B. Lernen, Gedächtnis, Verstehen, Denken) zu tun haben; die Fähigkeit, über eigene Gedanken und eigenes Verhalten zu reflektieren. Bewusste Wahrnehmung spielt eine wichtige Rolle für planvolles und selbstregulatives Lernen. *(Hasselhorn, 2001)*

Wer sich selbst kennt, weiß mit seinen Stärken und Schwächen umzugehen. Setzt mich eine bestimmt Vorgabe unter Druck? Bin ich ein schneller Leser? Welche Strategien kenne ich bereits? Wie komme ich gut zum Ziel? Habe ich durch Spiegelung, durch bewusste Wahrnehmung in der Vergangenheit mich selbst gut kennen gelernt?

Die Kenntnis über die Motive zum Lernen und zur Konzentrationsfähigkeit

Wenn ein Lernender ein Motiv, einen Beweggrund, einen Anlass, einen Antrieb, aus der Musik entliehen: einen Leitgedanken hat und verfolgt, dann hat er individuelle Wege zur Lust am Lernen geebnet. Wenn ich will, dann kann ich besser. »Wer will, findet Wege, wer nicht will, findet Gründe« sagt ein Sprichwort. War ich motiviert? Kann ich mich ungestört auf die neuen Fragen einlassen? Warum soll ich eine Aufgabe lösen? Welcher Sinn verbirgt sich dahinter? Diese Fragen sollten beantwortet werden können.

Kenntnisse zu Lern- und Arbeitsstrategien und deren Individualisierung

Wer ein Repertoire an Lern- und Arbeitsstrategien ausprobiert hat, kennt seine Möglichkeiten. Eine wichtige Komponente zur Lösung der gestellten Aufgabe ist die Strategie der Lernplanung, die Strategie also zur Vorgehensweise in einer bestimmten maßgebenden Zeitvorgabe.

»Beobachtung seiner selbst ist eine Schule der Weisheit. Keiner kann Herr über sich sein, wenn er sich nicht zuvor begriffen hat. Spiegel gibt es für das Antlitz, aber keine für die Seele: Daher sei solcher das verständige Nachdenken über sich.«

Baltasar Gracian y Morales, Handorakel und Kunst der Weltklugheit

Eine soziale Beziehungsdidaktik und Feedbackkultur –
Das Fühlen von Rahmenbedingungen

Was Menschen zu leisten imstande sind, hängt vielfältig von ihren Erfolgserlebnissen ab, hat mit Emotionen zu tun. »Wir brauchen eine Kultur in unseren Schulen, die geprägt wird von den Schwerpunkten Wertschätzung, Anerkennung, Ermutigung und gemeinsame Anstrengung. Überall dort, wo diese wertschätzende, unterstützende und gleichzeitig zu Höchstleistungen anspornende Beziehungskultur entwickelt wird, sind erstaunliche Erfolge zu beobachten.« Mit dieser Feststellung empfiehlt der Neurobiologe Prof. Gerald Hüther den Schulen, von den guten Erfahrungen zu lernen, die derzeit in der Wirtschaft mit dem Modell »Supportive leadership« gesammelt werden. »Supportive Leadership« heißt die neue Führungskultur, mit der es gelingen kann, das kreative Potenzial der Mitarbeiter wiederzuerwecken. Ein »supportive Leader« vermittelt seinen Mitarbeitern das Gefühl, dass es auf jeden einzelnen ankommt, dass jeder mit seinen Ideen gebraucht wird.

Das Vertrauen des Lernenden, dass der Lehrer das Beste von ihm will, schafft Bereitschaft, Rückmeldung und Partnerarbeit. Rollenklarheit ist eine Grundvoraussetzung zur Positionierung in das Gefüge der individuellen Bildungslandschaft. Was genau ist die Aufgabe der Schülerin oder des Schülers? Auf welche Leistungen der anderen an der Bildung beteiligten, der Lehrer und der Eltern kann sich die Schülerin oder der Schüler verlassen? Die positive Beantwortung dieser Fragen schafft nötiges Vertrauen, Mut und Optimismus.

Der fürsorgliche Lehrer achtet auf ein gutes Lernklima. Er bezieht sich mit konkreten Situationsbeschreibungen auf eine zeitnahe Feedbackkultur, die beiden gerecht wird, dem Absender und dem Adressaten. Denn die Meinung des Lehrers hat Gewicht. Lehrer brauchen ihre Schülerinnen und Schüler, das dürfen die auch spüren. Die Person des Schülers ist als Mensch wichtiger als die Summe dessen, was er kann und was er nicht kann. Der Lernbegleiter unterstützt und fördert mit der Kenntnis von fast buchhalterischer Lernbegleitung, mit Erfahrung, mit der Erkenntnis der Zusammenhänge, mit Selbstreflexion, mit Einfühlsamkeit und einem würdigen Umgang mit Mitmenschen.

Aus dem Gesagten ergibt sich, dass eine Vorbereitung auf eine Prüfung ein umfassendes Ressourcenmanagement darstellt. Im Sinne eines Regelkreises wiederholen sich hierbei folgende Fragen ständig:

- Was weiß ich und was kann ich schon?
- Wie bin ich und wer bin ich?
- Warum will ich das können?
- Wie schaffe ich das?
- Wer begleitet mich dabei?

»Vertrauen ist die Schwester der Verantwortung.«
Asiatisches Sprichwort

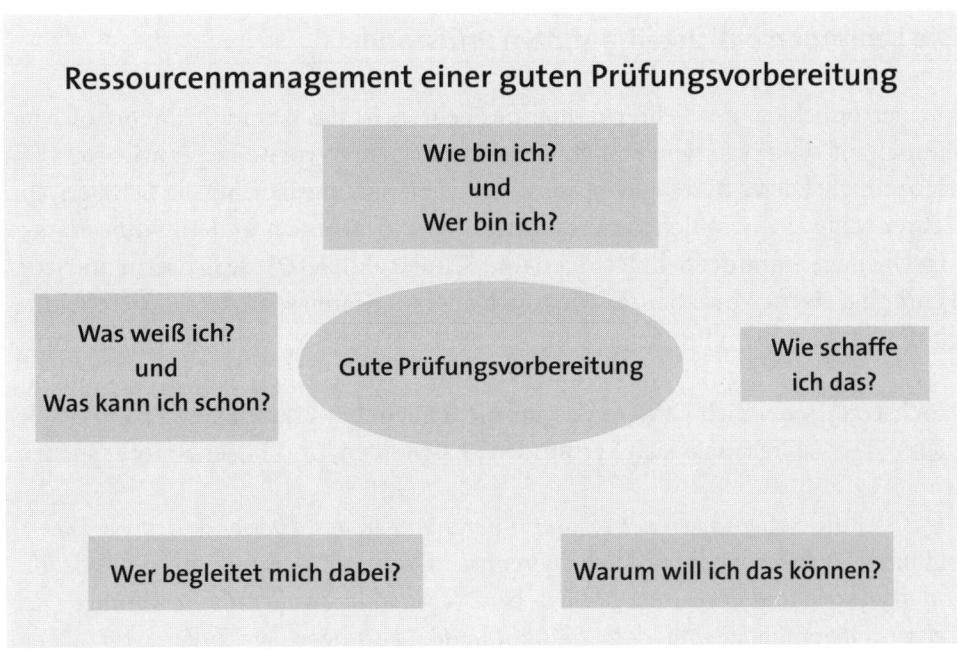

Ressourcenmanagement einer guten Prüfungsvorbereitung

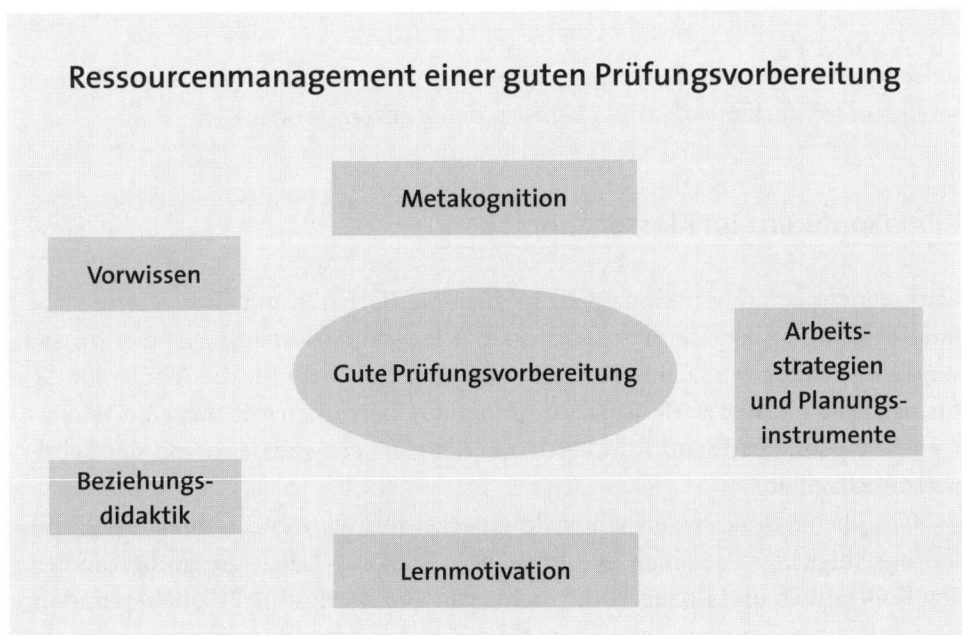

Ressourcenmanagement einer guten Prüfungsvorbereitung

Zusammenfassende These

Die Aufgabe des Lehrers ist es, die Schülerinnen und Schüler dazu zu befähigen, dass sie sich selbst, entwickelt aus dem Management der »Bausteine zur guten Prüfungsvorbereitung« heraus, ein eigenes individuelles Leitbild zur Schulkarriere formulieren können, und dieses ständig auf dem Prüfstand haben. Ziel ist es, Leitbildkompetenz zu generieren.

Die Persönlichkeit der Lehrerin oder des Lehrers ist das A und O. Ein Schüler hat einmal auf die Frage, wie er sich den idealen Lehrer vorstellt, geantwortet: »als Häuptling!« Dieses Bild sagt viel aus über die Erwartungshaltung des Schülers. Ein Lehrer sollte ein »sinnlich« interessanter Typ sein. Sinnlich in dem Sinne, dass er verschiedene Sinne der Schülerinnen und Schüler aktiviert. Jede Lehrerin und jeder Lehrer hat eigene Vorlieben. Er muss sich aber im Klaren sein, dass es viele Schülerinnen und Schüler gibt, die in komplettem Kontrastprogramm zu seinen Vorlieben stehen. Die Frage ist, wie bezieht er die unterschiedlichen Begabungen mit ein. Höchstwahrscheinlich kann er das gar nicht allein bewerkstelligen. Er muss delegieren. Der Lehrer muss sich Verbündete, Assistenten, im Klassenzimmer suchen.

»Je besser die Beziehungen der Kinder untereinander, desto besser lernen sie. Das gilt auch für das Kollegium: Auch Lehrer arbeiten besser, wenn sie sich im Kollegium akzeptiert und unterstützt fühlen. Und: Je vertrauensvoller die Beziehungen der Lehrer untereinander sind, desto besser sind die Leistungen der Kinder. Und schließlich: Je besser die Beziehungen zwischen der Schule und den Eltern sind, desto größer ist der Schulerfolg.«

Remo Largo, Martin Beglinger: Schülerjahre – Wie Kinder besser lernen, © 2009 Piper Verlag GmbH, München

Oder wie Prof. Joachim Bauer es in seinem »Lob der Schule« formuliert: »Wer unseren Kindern helfen will, muss Lehrern den Rücken stärken.«

Klimakonferenz im Klassenzimmer

Unter einem guten Lernklima gedeiht auch die Vorbereitung einer Klassenarbeit oder Prüfung besser. Denn Schülerinnen und Schüler lernen nicht nur für sich, sondern auch für den Lehrer. Der bekannte Spruch »Nicht für die Schule, sondern für das Leben lernen wir!« ist schön und gut. Doch er spricht nur eine Wunschvorstellung an. Die Freude am Lernen hängt ganz entscheidend von der Lehrerpersönlichkeit ab.

»Man muss auch mit Menschen rechnen, auf die man nicht zählen kann.«
Robert Lembke, Steinwürfe im Glashaus

Glücklicherweise haben wir viele gute Lehrerinnen und Lehrer, die Begeisterungsfähigkeit ausstrahlen. Sie muss man stärken – auch gegenüber denjenigen Kolleginnen und Kollegen, die nichts von Beziehungsdidaktik halten und ihre Kernaufgabe nahezu ausschließlich in der Wissensvermittlung sehen.

Eine vertrauensvolle Beziehung zwischen Schülerinnen und Schüler und Lehrer ist eine wichtige Grundlage für den Lernerfolg. Schülerinnen und Schüler müssen ihre Lehrer mögen, im Idealfall sogar wie ihren Meister bewundern können, damit sie in die Sache hineingezogen werden.

Das Wollen und die Aussicht auf Erfolgserlebnisse haben immer auch etwas mit Beziehungskultur zu tun. Wir brauchen das Gefühl, dass wir willkommen sind, dass es um jeden Einzelnen geht, also auch um uns selber. Schüler müssen wissen, dass der Lehrer, dass die Erziehungsberechtigten das Beste wollen, nicht von dem Schüler, sondern für den Schüler.

Die Lernbegleitung durch den Lehrer hat Gewicht. Die Meinung des Lehrers muss vom Schüler anerkannt sein. Dies erreicht er durch eine gute und individuelle Lernberatung und durch das gute Vorbild. »Erziehung ist Liebe und Vorbild, sonst nichts« heißt ein kolportiertes Fröbel-Zitat.

In Anlehnung an Boklarka Hadingers Thesen zur Entwicklung der Persönlichkeit gehören folgende lernbegleitende Handlungsmuster beziehungsdidaktisch zu den Aufgaben des Lehrers:

- ein positives Lernklima gestalten
- Kompetenzen vermitteln
- Orientierung (Ziele und Werte) geben
- das gute im Menschen aufzeigen
- Lebensfreude und Lebenslust zeigen

Ein positives Lernklima gestalten

- Kommunikationsfähigkeit trainieren
- die eigene Kommunikation überprüfen
- gemeinsame Projekte gestalten (Teamgedanke)
- persönliche Gesprächen führen (Denktypen, Handlungstypen, Gefühlstypen)
- das Kind als individuelles Wesen akzeptieren
- Verständnis für Fehler entwickeln
- Fehlverhaltens konstruktiv gestalten lernen
- Lerngemeinschaften als Partnerschaften begreifen
- Zeitnahe Feedbackkultur leben
- Selbstkritik zulassen

Kompetenzen vermitteln

- zur Leistung ermutigen: Kinder müssen erfahren, dass sie etwas können
- den Arbeitscharakter des Kindes berücksichtigen; Solist-Denker / Macher-Handelnder / Sozial-Teamarbeiter / Darsteller-Mittelpunkt
- lösungsorientiertes Denken fördern (Was geht?)
- Kindern etwas zutrauen
- Probleme als Herausforderungen begreifen
- kontrolliert Verantwortung übergeben

Orientierung (Ziele und Werte) geben

- miteinander Ziele und Vorhaben entwerfen
- Vorbilder suchen
- die Akzeptanz der Heterogenität als Prinzip schätzen lernen
- Jugendziele akzeptieren
- den Tag strukturieren und die Struktur durch Rituale festigen
- Spielregeln klar aussprechen
- das positive, woran Sie glauben, benennen
- ein Wir-Gefühl entwickeln wollen
- Fachbegeisterung vorleben

Das Gute im Menschen aufzeigen

- Was Kinder an Gutem tun, ansprechen
- Geschichten über Zivilcourage erzählen
- Kinder in Situationen bringen, in denen sie etwas Liebenswürdiges tun können
- Wertschätzung geben – die Person ist als Mensch wichtiger als die Summe dessen, was sie kann und was sie nicht kann.

Lebensfreude und Lebenslust zeigen

- das Staunen, die Neugier fördern
- Kreativität fördern
- die Sinne trainieren
- Vermittlung von Mut, Optimismus und Vertrauen
- Menschenfreundlichkeit zeigen

Rollenklarheit

Damit Bildung gelingt, ist die Kenntnis über die Rolle, die eigene Aufgabe, beim Schaffen von Bildung wichtig. Worauf kann sich die Schülerin oder der Schüler in der Schule verlassen? Was hat er selbst zu tun? Was gehört in das Aufgabenfeld der Elternschaft? Diese Rollen müssen für jede Einheit, die sich mit Bildung beschäftigt klar herausgearbeitet und plakatiert werden. Im Kontext des Strebens nach Distinktion und Anerkennung muss der Schüler sich selbst um seine Fitness kümmern (Wie entspanne ich mich?), aber auch darum, wie seine berufliche Laufbahn aussehen soll (Was will ich werden?) und welche Lebensziele er verfolgen möchte. Zur Erkenntnis dieser Handlungsfelder braucht der Schüler eine Fülle von Angeboten, die Schulen und Familie ihm geben müssen. Entscheidungen treffen und Angebote annehmen oder ablehnen, dies muss er selbst tun.

»Fleiß für die falschen Ziele ist noch schädlicher als Faulheit für die richtigen.«
Peter Bamm

Funktionen von Feedback

Jedes Prüfungsergebnis ist eine Form von Feedback, ob willkommen oder nicht, erfreulich oder enttäuschend. Je mehr Erfahrungen die Schülerinnen und Schüler mit positivem sammeln können, desto mehr Funktionen des Feedbacks werden wirksam:

1. Feedback steuert Verhalten.
2. Feedback hilft, zielgerichtet zu arbeiten.
3. Feedback mit Wertschätzung ermutigt.
4. Feedback hilft bei der Fehlersuche.
5. Feedback fördert persönliche Lernprozesse.
6. Feedback hebt die Motivation.
7. Feedback hilft bei der Selbsteinschätzung.
8. Feedback bewirkt eine engere Verbindung mit der Aufgabe.

Gekürzte Fassung aus: Fengler, J. (⁴2009): Feedback geben. Weinheim und Basel: Beltz, S. 22.

Denken Sie an Situationen, in denen Sie Feedback erhalten haben oder etwas mit einem Feedback Vergleichbares gehört haben. Erinnern Sie sich an eine solche Situation: Wer hat was zu Ihnen gesagt, und wie hat das auf Sie gewirkt, was hat es bei Ihnen bewirkt?

Geben Sie Schülerinnen und Schülern Feedback mit Wertschätzung und lassen Sie sich ebensolches von ihnen geben. Das kann von Zeit zu Zeit durch kurze Rückmeldungen in Form von Markierungen in Feedbackpostern oder Einträge in Feedbackbogen erfolgen. Mit einem solchen lassen sich **auch Erwartungen abfragen und konstruktive Vorschläge sammeln.**

48 KV 13: Rückblick und Ausblick

Mit einigen Satzanfängen auf einem solchen Feedbackbogen bekommen die Schüler sicher hilfreiche Impulse, ihre Rückmeldung niederzuschreiben:

Mir hat in der letzten Unterrichtsstunde sehr gut gefallen, dass _____

_____

Zur Vorbereitung auf die nächste Klassenarbeit wünsche ich mir _____

_____

Ich habe folgende Aufgabe (immer noch) nicht verstanden _____

_____

Ich war enttäuscht, als _____

_____

Damit meine nächste Klassenarbeit gelingt, werde ich _____

_____

Je nach Situation und Lernklima in der Klasse kann der Feedbackbogen mit oder ohne Eintrag des Namens abgegeben werden.

Rückblick und Ausblick

Die Kopiervorlage 13 ist für ein etwas umfangreicheres Feedback angelegt. Da die Formulierungen dort bereits vorgegeben sind, ist der Bogen sowohl beim Ausfüllen als auch für die Auswertung einfacher zu handhaben. Die Positionen 14. und 15. bieten Raum für eigene Aussagen. Vielleicht können Sie aber auch vorher mit der Klasse gemeinsam klären, welche Punkte noch in diese Liste aufgenommen werden sollen.

13 | Rückblick und Ausblick

**Feedback über den Unterricht und Wünsche
im Blick auf die nächste Klassenarbeit**

Liebe Schülerin, lieber Schüler,
deine Antworten in diesem Fragebogen liefern wichtige Hinweise zur Qualität unseres
Unterrichts. Deshalb bitte ich dich, auch in deinem Interesse, den Bogen auszufüllen.

Bitte kreuze nur einen Wert pro Zeile an	trifft voll zu	trifft eher zu	trifft eher nicht zu	trifft gar nicht zu
1. Die Ankündigung der nächsten Klassenarbeit erfolgt genau rechtzeitig für mich.	❏	❏	❏	❏
2. Der Unterricht ist zurzeit eine gute Vorbereitung für mich auf die nächste Klassenarbeit.	❏	❏	❏	❏
3. Mit den Informationen, was in der nächsten Klassenarbeit drankommt, bin ich sehr zufrieden.	❏	❏	❏	❏
4. Mit dem Lernstoff komme ich gut zurecht und brauche keinen Nachhilfeunterricht.	❏	❏	❏	❏
5. Ich denke ohne Angst an die nächste Arbeit und werde locker in die Prüfung gehen.	❏	❏	❏	❏
6. Spätestens vier Tage vor der Klassenarbeit beginne ich mit der konkreten Vorbereitung	❏	❏	❏	❏
7. Einen Tag vor der Klassenarbeit arbeite ich am meisten dafür.	❏	❏	❏	❏
8. Ich freue mich auf die nächste Arbeit, weil ich gern zeigen will, was ich kann.	❏	❏	❏	❏
9. Die Hausaufgaben sind zurzeit eine gute Vorbereitung für mich auf die nächste Klassenarbeit.	❏	❏	❏	❏
10. Während der Klassenarbeit werde ich oft nervös, weil mir Zeit wegrennt.	❏	❏	❏	❏
11. Ich fände es gut, wenn Spickzettel erlaubt wären.	❏	❏	❏	❏
12. Es stört mich, wenn meine Noten vor der Klasse bekannt gegeben werden.	❏	❏	❏	❏
13. Auch wenn es keine Noten gäbe, würde ich die nächste Klassenarbeit gut vorbereiten.	❏	❏	❏	❏
14.	❏	❏	❏	❏
15.	❏	❏	❏	❏

Das möchte ich gern noch loswerden: _____

_____

Beim Lesen dekodiert unser Gehirn nicht jeden Buchstaben, um damit ein Wort zu bilden. Das Gehirn antizipiert beim Lesen das Wort, welches an genau dieser Stelle vermutet wird und setzt es ein. Wir können Wörter, bei denen der erste und der letzte Buchstabe stehen bleibt und bei denen die Binnenbuchstaben willkürlich gemischt sind, lesen.

Wir können dies deshalb, weil wir geübt sind im Lesen. Wir lesen ständig und wiederholen somit dieses Können. Das Gehirn liest also, wenn es eine Übereinstimmung mit einem bekannten Wort wahrnimmt. Dies macht das Gehirn automatisch. So funktioniert auch das Lernen; durch Wiederholung. Wir alle können weibliche Gesichter von männlichen Gesichtern unterscheiden und wissen nicht, wie unser Gehirn das tut. Wer zum ersten Mal eine Gleitsichtbrille trägt, der wird nicht umhin kommen, sich die eine oder andere Beule einzuhandeln, bis das Gehirn das neue Sehen gelernt hat. Dieses sich Aneignen schafft das Gehirn durch wiederholendes Lernen automatisch.

Um einen Roman zu lesen brauchen wir nach Hunziker etwa 2 500 Wörter in unserem Wortschatz. Der Psychologe und Pädagoge Hans-Werner Hunziker schreibt in seinem Buch »Im Auge des Lesers – Foveale und periphere Wahrnehmung. Vom Buchstabieren zur Lesefreude«: »Lesen macht Spaß. Aber erst, wenn man 150 Wörter pro Minute lesen kann.« (...) »Denn dann versteht der Leser mehr, als wenn er langsamer liest.« Er konstatiert weiterhin: »Erwachsene die wenig lesen, verlernen das Lesen.«

Ein Mäerchn
Hnas im Gülck

Hnas httae seiben Jhrae bei sneiem Hrern gideent, da scrpah er zu ihm: »Hrer, minee Ziet ist hruem, nun wtlloe ich gnere wdeir hiem zu mnieer Mettur, gbet mir mneien Lhon.«

Der Hrer awotrente: »Du hsat mir teru und eihrlch gedneit, wie der Dnsiet war, so slol der Lohn sein«, und gab ihm ein Süctk Glod, das so gorß als Hsenans Kpof war.

Hnas zog ein Teichüln aus der Tchsae, weikclte den Kmluepn hninein, sztete ihn auf die Suchlter und mchtae sich auf den Weg ncah Hsuae.

Wie er so dinhgiang und imemr ein Bien vor das aderne szette, kam ihm ein Rretier in die Aegun, der frchish und förchlih auf eeinm mrenuten Prfed vobeiratbte.

»Ach«, srpach Hnas ganz luat, »was ist das Rteien ein söchnes Dnig! Da stzit eneir wie auf eienm Shutl, sößtt scih an kneien Seitn, srapt den Scuhh und kmomt frot, er weiß nchit wie.«

Der Rteier , der das ghöret htae, hliet an und reif: »Ei, Hans wuram lfsaut du acuh zu Fuß?«

> »Ich muss ja whol«, atwnorttee er, »da hbae ich enein Kmlupen himezurtaegn; es ist zawr Glod, aebr ich knan den Kpof debai nhict gard htlean, acuh dückrt mri's auf die Suchlter.«
>
> »Wißet du was«, stage der Rteeir, wir wellon tschuaen: ich gbee dir mien Prefd, und du gsibt mir dneien Kpelumn.«
>
> *Quelle: Gmrim, Jcoab und Wehillm (2004): Hnas im Gülck. Beriln-Könipeck: Ktzenagraebn-Persse*

Was liegt näher, als sich in der Werbung die Funktionsweise unseres Gehirns zunutze zu machen. So hatte die Schweizerische Unfallversicherung Suva eine Kampagne zur Prävention gestartet, bei der sie die Binnenbuchstaben durcheinandermischt:

Quelle: Suva

Die Firma *Nike* hat erkannt, dass dieses Phänomen auch funktioniert, wenn man sogar auf einzelne Buchstaben verzichtet:

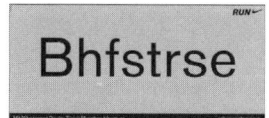

Quelle: Nike Deutschland GmbH

Übung zum Verdeutlichen der Wichtigkeit von Vorwissen

Zeigen sie Schülerinnen und Schülern folgende Zahlenreihe mit der Aufgabe, diese Zahlenreihe auswendig zu lernen. Zeigen sie die Zahlenreihe nur zehn Sekunden:

2412200901012010

Nur wenige Schüler werden diese Aufgabe in der Kürze der Zeit lösen können. Schafft der Lernende es, neue Informationen in Portionen aufzuteilen und dann noch an Vorwissen zu koppeln, ist das Lernen der Informationen einfacher und vor allem nachhaltiger:

24.12.2009 / 01.01.2010

Mit Textfragmenten auf Entdeckungsreise

Wer mit einer Fragehaltung sein Vorwissen aktiviert, geht neugierig auf Entdeckungsreise. Aus dieser Erwartungshaltung wird eine Geschichte spannend. Der Reiz liegt ja gerade darin, eine Lösung nicht von Anfang an zu sehen oder eine Pointe nicht schon zu kennen, wohl aber eine Ahnung zu haben. Manche Kinder, die einen Witz nicht verstanden haben, fragen, wenn alle lachen: »Wie geht der?« Wer mitlachen will, möchte erfahren und wissen, »wie es geht«.

Die Aussicht auf Erfolg motiviert, sich auf den Weg zu machen. So könnte es ganz reizvoll sein, von Zeit zu Zeit nur Textfragmente anzubieten und die Schülerinnen und Schüler spekulieren lassen:

- Worum könnte es in einer Geschichte gehen, von der ich nur einzelne Teile kenne?
- Wie könnte ein Satz heißen, von dem ich nur ein paar Wörter verstehe?

Ein paar Beispiele zum Ausprobieren:

Wer will, … Wege – wer nicht …, …. Gründe

Siehst – Riesen – Stand – Sonne – Schatten – Zwerges

Und welche Überraschung, wenn die Lösung ganz anders heißt, als zunächst gedacht: Bist du nicht willig, so brauch' ich … »Gewalt« heißt die Antwort wahrscheinlich in dieser Redensart. Doch um wie viel schöner ist der überraschende Lösungsvorschlag: Geduld!

Sprüche und Weisheiten

Kommen Sprüche vielleicht besser an und werden Weisheiten eher angenommen, wenn sie noch Raum zum Nachdenken oder Spielraum zum Finden und Erfinden lassen? Angenommen, die Schülerinnen und Schüler hätten eine Prüfung vorzubereiten, in der sie nach Sprüchen und Aphorismen gefragt würden. Doch in der Kopiervorlage zur Vorbereitung finden Sie nur Textfragmente. Auf der Suche nach dem vollständigen Satz sollten die Schülerinnen und Schüler nachdenken, recherchieren, sich gegenseitig befragen und beraten.

52 f. KV 14: Sprüche und Wahrheiten ergänzen

14 | Sprüche und Wahrheiten ergänzen (1)

Je öfter du fragst, wie weit du zu gehen hast,

_____

(neuseeländisches Sprichwort; Maori)

Wir sind nicht nur verantwortlich für das, was wir tun,

_____

(Molière)

Was ich gelernt habe, weiß ich nicht mehr. Das Wenige, was ich weiß,

_____

(Chamfort)

Nicht das Erzählte reicht,

_____

(Stefan Frädrich)

Der Langsamste, der sein Ziel nicht aus dem Auge verliert,

_____

(Lessing)

Wer sich selbst nicht riechen kann,

_____

(Franz Alt)

Eine der fröhlichsten Erfahrungen im Leben ist es, als Zielscheibe zu dienen,

_____

(Churchill)

Die meisten Menschen wenden mehr Zeit und Kraft daran, um die Probleme herumzureden,

_____

(Henry Ford)

Der ans Ziel getragen wurde, darf nicht glauben,

_____

(Marie von Ebner-Eschenbach)

Wer all seine Ziele erreicht,

_____

(Herbert v. Karajan)

Fleiß für die falschen Ziele ist noch schädlicher

_____

(Peter Bamm)

In Prüfungen stellen Narren Fragen,

_____

(Oscar Wilde)

14 | Sprüche und Wahrheiten ergänzen (2)

---
desto länger scheint die Reise.
(neuseeländisches Sprichwort; Maori)

---
ohne getroffen zu werden.
(Churchill)

---
sondern auch für das, was wir nicht tun.
(Molière)

---
als sie anzupacken.
(Henry Ford)

---
habe ich erraten.
(Chamfort)

---
es erreicht zu haben.
(Marie von Ebner-Eschenbach)

---
sondern das Erreichte zählt
(Stefan Frädrich)

---
hat sie zu niedrig gewählt.
(Herbert v. Karajan)

---
geht noch immer geschwinder, als jener, der ohne Ziel herumirrt.
(Lessing)

---
als Faulheit für die richtigen.
(Peter Bamm)

---
der stinkt auch anderen.
(Franz Alt)

---
die Weise nicht beantworten können.
(Oscar Wilde)

Sie könnten die beiden Arbeitsblätter auch kopieren (eines auf farbiges Papier) und die Halbsätze auf einzelnen Kärtchen verteilen. Die Schülerinnen und Schüler gehen nun mit ihrem Textfragment auf die Suche nach dem vollständigen Satz und tauschen die Kärtchen untereinander aus, um möglichst viele Sprüche kennen lernen zu können.

Nach einigen Minuten Vorbereitungszeit nehmen alle ihre Plätze wieder ein und absolvieren ihre »Prüfung«.

Es wäre spannend, diese »Prüfung« am nächsten oder übernächsten Tag ohne neue Vorbereitungsrunde zu wiederholen. Jeder kann sein erstes mit dem zweiten Ergebnis vergleichen. Hat sich der zeitliche Abstand »verheerend« ausgewirkt oder ist der Ertrag noch zufriedenstellend?

1.16	**Ziele formulieren**

Die Prüfungsvorbereitung bewegt sich oft in einem Wechselspiel zwischen Soll und Haben, zwischen dem, was ich noch alles lernen muss, und dem, was ich bereits kann. Ersteres wird vielleicht noch als Chaos empfunden, Letzteres ist bereits in Ordnung. Darin liegen überschaubare und verlässliche Strukturen, die Orientierungshilfen für die weitere Prüfungsvorbereitung sind, weil sie Sicherheit und Halt geben.

Wer ein Ziel klar vor Augen hat, bringt schon sehr gute Voraussetzungen mit, dieses zu erreichen. Aber allein ein Ziel vor Augen zu haben, reicht nicht. Wer gleich (kopflos?) losrennt, verliert sein Ziel vielleicht rasch aus dem Auge. Deshalb ist jeder gut beraten, sich schon vor dem Start Gedanken zu machen über den Weg dorthin.

Die Kopiervorlage 15 lenkt die Aufmerksamkeit zunächst einmal auf mögliche Ziele und regt an, sein persönliches Ziel zu formulieren. Auf dem Weg dorthin ist die Arbeit mit dem »StuFi« (= Kopiervorlage 8) ein hilfreicher Begleiter.

KV 15:
Ziele vor Augen — **55**

KV 8:
StuFi — **27**

Ein Finito schafft Verbindlichkeit

KV 16:
Finito – Reflexion am Ende einer Arbeitssequenz — **56**

Wer das Ende einer Arbeitssequenz erreicht hat, ist zunächst einmal erleichtert und zufrieden. Dieses gute Gefühl kann ergänzt werden mit dem Rückblick auf das Geleistete. Die Reflexion mit dem Finito objektiviert die Leistung im Sinne einer Standortbestimmung. Die Schulung der Bewussten Wahrnehmung hilft mir, die Distanz zwischen Anforderung und Ergebnis zu verifizieren. Nur wer seinen eigenen Standort bestimmen kann, weiß, wie weit entfernt das Ziel liegt. Aus der ehrlichen Erkenntnis auf die Modalitäten seiner Arbeit entsteht die Achtung auf das Geleistete. Wer also seine Arbeit respektiert, gewinnt die Achtung vor der Aufgabe. Erfolgt dies schriftlich mit dem Finito, gewinnt man ein zusätzliches Dokument, das Verbindlichkeit schafft.

15 | Ziele vor Augen

Um ein Ziel erreichen zu können, musst du es zunächst einmal vor Augen haben. Im Blick auf die nächste Klassenarbeit findest du hier ein paar Vorschläge:

A. Interesse
Ich will mehr über den Prüfungsstoff wissen; das Fach interessiert mich.

B. Note
Ich will den Stoff beherrschen, damit ich eine gute Note bekomme.

C. Rechtzeitig
Ich will spätestens vier Tage vor der Klassenarbeit mit der Vorbereitung beginnen.

D. Nutzen
Ich will auch nach der Klassenarbeit noch von meiner Vorbereitung profitieren.

E. Können
Ich will mir in der Prüfung selbst beweisen, dass ich etwas kann.

F. Lehrer/in
Ich will meiner Lehrerin, meinem Lehrer zeigen, dass ich gut gelernt habe.

G. Bestehen
Ich will die Prüfung so gut wie möglich bestehen.

H. Sicherheit
Ich will ohne Angst in die Prüfung gehen und vorher auf Sicherheit trainieren.

I. Arbeitstempo
Ich will mein Arbeitstempo steigern.

K. Form
Ich will auf die äußere Form der Arbeit achten: Sauberkeit und Lesbarkeit.

_____

_____

Welche dieser Ziele sind dir wichtig und welche drei Ziele sind dir am wichtigsten? Du kannst auch eigene Ziele formulieren und gegen ein vorgegebenes austauschen. Streiche dann den vorgegebenen Satz durch und setze den betreffenden Buchstaben vor dein eigenes neues Stichwort.
Wenn du mit dem »StuFi« deine Ziele in eine Rangliste gebracht und deine Favoriten ermittelt hast, kannst du hier dein persönliches Ziel formulieren:

_____

_____

andbemerkung:
atürlich brauchst
u jetzt eine Portion
Hartnäckigkeit, um
ieses Ziel zu erreichen.
m besten erklärst du
ich selbst verantwort-
ch dafür. Dann kannst
nd brauchst du auch
iemandem sonst die
chuld geben, wenn es
icht klappt.

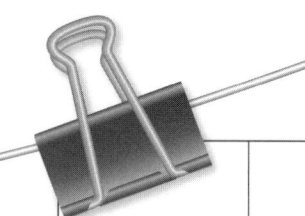

Finito – Reflexion am Ende einer Arbeitssequenz

16

Das hatte ich mir für diese Arbeitssequenz vorgenommen:

_____

_____

So weit bin ich gekommen:

_____

_____

Was habe ich gründlich bearbeitet und warum?

_____

_____

Welche Schwierigkeiten gab es?

_____

_____

Was war schwer für mich?

_____

_____

Was hat mir gut gefallen?

_____

_____

Drei Aspekte, die ich bei der Bearbeitung gelernt habe:

_____

_____

Damit muss ich fortfahren:

_____

_____

Prüfungsvorbereitung ist Wiederholungsarbeit

Gute Prüfungsvorbereitung braucht ein Konzept für die passenden Portionen und den richtigen Zeitpunkt für Wiederholungen. Das gilt in erster Linie für die selbstständige Arbeit jedes Einzelnen. Deshalb sollten die Schülerinnen und Schüler das methodische Vorgehen beim Wiederholungslernen im Unterricht bewusst mitbekommen.

1. Wiederholen mit Methode

Welche Teile des Stoffgebietes sind besonders wichtig? Wo halte ich diese fest? Notizblock, Sammelordner oder Lernkartei? Ergänze ich mit Markierungen in bestimmten Farben – z.B. in Gelb beim ersten Durchgang, in Grün darüber beim zweiten und beim dritten Durchgang, falls erforderlich, die gleiche Stelle in Pink oder Rot. Wie teile ich den Stoff in Abschnitte ein und gebe jedem eine Überschrift? An welchen Stellen hake ich etwas ab oder setze ein Zeichen? Zum Beispiel:

(!!) Wichtig – und kapiert

(!?) Wichtig – aber noch offene Fragen

(??) Klären – scheint wichtig, aber Durchblick fehlt noch

2. Wiederholen mit Zeitplan

Wann ist der beste Zeitpunkt für die erste Wiederholung? Die Antwort klingt banal und ist doch richtig: Rechtzeitig! Das heißt, nicht zu früh und nicht zu spät. Dabei kommt es natürlich auf den Umfang des Stoffgebietes an. Wer zu früh wiederholt, trifft wahrscheinlich auf zu viel Bekanntes, das Lernen wird schnell langweilig. Oder man versucht, sich zu verbissen und verkrampft etwas zu merken. Warte ich mit dem Wiederholen zu lange, gerät zu vieles wieder in Vergessenheit. Als Faustregel gilt: Je wichtiger die Information, desto öfter muss ich sie wiederholen. Deshalb überfliege ich spätestens vier Tage vor einer Klassenarbeit meine Notizen und halte kurz an diesen Stellen (!!) an. An diesen Punkten (!?) hake ich nach, ob meine Fragen inzwischen geklärt sind und an diesen (??) frage ich mich, was ich noch tun kann oder muss, um mir bis zur Prüfung den nötigen Durchblick zu verschaffen.

3. Wiederholen mit Abwechslung

Damit Wiederholen kein stures Pauken wird, braucht es Abwechslung. Ich gehe z.B. mit meinen Notizen im Zimmer auf und ab oder ich nehme mein Buch mit nach draußen und setze mich an ein ruhiges Plätzchen. Ich stelle mir Fragen und spreche die Antworten halblaut vor mich hin oder ich erkläre einem anderen, was ich da eben wiederholt habe. Wenn ich mit einer Freundin oder einem Freund telefoniere, komme ich vielleicht auch auf das Prüfungsthema zu sprechen. Ein paar Merksätze, Vokabeln oder Formeln schreibe ich auf Post-its, die ich im Badezimmer oder an meiner Schreibtischlampe anbringe. Ich zeichne Skizzen, lege Mind Maps an oder baue mir Eselsbrücken.

Tipp 1

Tipp 2

Tipp 3

Quiz als Wiederholungsarbeit

Es gehört zum »Kerngeschäft des Lerngeschäfts«, substanziell wichtige Fragen zu stellen. Das muss geübt werden. Ein guter Zeitpunkt dafür ist z.B. die Vorbereitung einer Klassenarbeit. Um ein Stoffgebiet zu wiederholen, wird es auf Fragen durchforstet. Zusammen mit den passenden Antworten darauf lässt sich ein Quizspiel herstellen.

Am besten wird in Kleingruppen zu dritt oder zu viert gearbeitet. Jede Gruppe bekommt eine Kopiervorlage, das auf der einen Seite als Frageformular gestaltet ist. Die Felder sind mit Buchstaben in alphabetischer Reihenfolge gekennzeichnet. Die Rückseite dieses Blattes ist das Antwortformular. Diese Felder sind mit Ziffern markiert.

Die Gruppe sammelt Fragen zu dem Stoffgebiet. Eine als gut und geeignet eingeschätzte Frage wird in ein Buchstabenfeld auf dem Frageformular eingetragen.

Direkt im Anschluss wird die richtige Antwort gesucht und auf der Rückseite in ein beliebiges Zahlenfeld auf dem Antwortformular geschrieben.

KV 17: 60 f.
Quiz: Fragen

KV 17: 63 f.
Quiz: Antworten

Wichtig:

Frage und Antwort müssen an verschiedenen Stellen platziert werden (z.B. A–7 oder B–4 und nicht A–1, B–2 usw.).

Mit jedem Eintrag werden die Platzziffern der Fragen und der dazugehörigen Antwort im Kontrollblatt festgehalten.

? Frage A

Wie nennt man Wörter im Deutschen, die aus einer anderen Sprache entnommen sind

nach: Wen oder was? Grammatik – Deutsch 1. Ein Lernspiel in Frage und Antwort. Aulis Verlag in der Stark Verlagsgesellschaft mbH & KG (vergriffen)

Antwort 7

Lehnwörter

nach: Wen oder was? Grammatik – Deutsch 1. Ein Lernspiel in Frage und Antwort. Aulis Verlag in der Stark Verlagsgesellschaft mbH & KG (vergriffen)

? Frage B

Wie nennt man bedeutungsgleiche Wörter, z.B. *Samstag* und *Sonnabend*?

nach: Wen oder was? Grammatik – Deutsch 1. Ein Lernspiel in Frage und Antwort. Aulis Verlag in der Stark Verlagsgesellschaft mbH & KG (vergriffen)

Antwort 4

Hilfsverben

nach: Wen oder was? Grammatik – Deutsch 1. Ein Lernspiel in Frage und Antwort. Aulis Verlag in der Stark Verlagsgesellschaft mbH & KG (vergriffen)

nach: Wen oder was? Grammatik – Deutsch 1. Ein Lernspiel in Frage und Antwort. Aulis Verlag in der Stark Verlagsgesellschaft mbH & KG (vergriffen)

Ist eine Kopiervorlage vollständig ausgefüllt, wird es in einzelne Kärtchen zerschnitten. Zusammen mit dem Kontrollblatt ist ein kleines Quizspiel fertig.

Nach diesem Muster lässt sich mit zwei oder drei Arbeitsblättern natürlich auch ein größeres Quizspiel produzieren. Für den Fall sollte das zweite Blankoformular die Fragefelder von I bis P und die Antwortfelder von 9 bis 16 enthalten; eine dritte Kopiervorlage wäre von Q bis X und von 17 bis 24 eingeteilt.

Die fertigen Quizspiele werden unter den Arbeitsgruppen ausgetauscht. Ein Gruppenmitglied wird als Spielleiterin oder Spielleiter ausgelost, verteilt reihum die Kärtchen und behält selbst nur das Kontrollblatt. Jeder legt seine Kärtchen vor sich hin, mit der Antwortseite nach oben. Der Spielleiter bestimmt, wer die Spielrunde eröffnet.

Die betreffende Person dreht eines ihrer Kärtchen um und liest die Frage vor. Wer hat das passende Antwortkärtchen? Da hat jemand in der Runde (hoffentlich) sein kleines Erfolgserlebnis, liest die Antwort vor und setzt das Spiel mit der Frage fort, die auf der Rückseite steht. Danach gibt er sein Kärtchen dem Spielleiter, denn Antwort und Frage von diesem Kärtchen sind abgehakt, werden nicht mehr benötigt.

Der Spaß an der Spielrunde ist ein schöner Nebeneffekt. Der besondere Reiz liegt im Erstellen der Spielkärtchen. Und wenn die Gruppen sich nach der Spielrunde gegenseitig Feedback zur Qualität des Quizspiels geben, dürften alle das verdiente Lob bekommen oder erfahren durch konstruktive Kritik, welche Fehler oder Unklarheiten aufgetaucht sind.

Auflösungen

?	–	Antwort	?	–	Antwort
A	–	7	N	–	18
B	–	1	O	–	23
C	–	4	P	–	21
D	–	12	Q	–	20
E	–	11	R	–	6
F	–	15	S	–	2
G	–	13	T	–	5
H	–	22	U	–	3
I	–	19	V	–	8
K	–	10	W	–	16
L	–	24	X	–	9
M	–	17	Z	–	14

17 | Quiz: Fragen (1)

? Frage **A**

Wie nennt man Wörter im Deutschen, die aus einer anderen Sprache entnommen sind?

nach: Wen oder was? Grammatik – Deutsch 1. Ein Lernspiel in Frage und Antwort. Aulis Verlag in der Stark Verlagsgesellschaft mbH & KG (vergriffen)

? Frage **B**

Wie nennt man bedeutungsgleiche Wörter, z. B. *Samstag* und *Sonnabend*?

nach: Wen oder was? Grammatik – Deutsch 1. Ein Lernspiel in Frage und Antwort. Aulis Verlag in der Stark Verlagsgesellschaft mbH & KG (vergriffen)

? Frage **C**

Wie nennt man Wörter wie *sein, haben, werden*?

nach: Wen oder was? Grammatik – Deutsch 1. Ein Lernspiel in Frage und Antwort. Aulis Verlag in der Stark Verlagsgesellschaft mbH & KG (vergriffen)

? Frage **D**

Wie bildet man das Perfekt?

nach: Wen oder was? Grammatik – Deutsch 1. Ein Lernspiel in Frage und Antwort. Aulis Verlag in der Stark Verlagsgesellschaft mbH & KG (vergriffen)

? Frage **E**

Bestimme die Attributform in »*Der Bahnhof von Bochum*«!

nach: Wen oder was? Grammatik – Deutsch 1. Ein Lernspiel in Frage und Antwort. Aulis Verlag in der Stark Verlagsgesellschaft mbH & KG (vergriffen)

? Frage **F**

Bestimme im folgenden Satz das dritte Wort mit einem deutschen grammatikalischen Begriff »*Ingo sprang kopfüber ins Wasser*«!

nach: Wen oder was? Grammatik – Deutsch 1. Ein Lernspiel in Frage und Antwort. Aulis Verlag in der Stark Verlagsgesellschaft mbH & KG (vergriffen)

? Frage **G**

Welche Verben verlangen ein Akkusativobjekt?

nach: Wen oder was? Grammatik – Deutsch 1. Ein Lernspiel in Frage und Antwort. Aulis Verlag in der Stark Verlagsgesellschaft mbH & KG (vergriffen)

? Frage **H**

Ist das Adjektiv in dem Satz *Das kranke Kind blieb im Bett* attributiv oder prädikativ?

nach: Wen oder was? Grammatik – Deutsch 1. Ein Lernspiel in Frage und Antwort. Aulis Verlag in der Stark Verlagsgesellschaft mbH & KG (vergriffen)

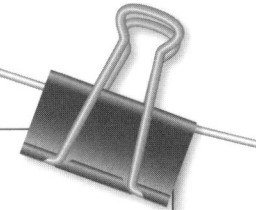

? Frage **I**

Wie nennt man die Verben *bekommen, erhalten* und *kriegen*?

nach: Wen oder was? Grammatik – Deutsch 1. Ein Lernspiel in Frage und Antwort. Aulis Verlag in der Stark Verlagsgesellschaft mbH & KG (vergriffen)

? Frage **N**

Ist das Adjektiv *ehrlich* bewertend oder beschreibend?

nach: Wen oder was? Grammatik – Deutsch 1. Ein Lernspiel in Frage und Antwort. Aulis Verlag in der Stark Verlagsgesellschaft mbH & KG (vergriffen)

? Frage **K**

Klassifiziere das Wort *unser*!

nach: Wen oder was? Grammatik – Deutsch 1. Ein Lernspiel in Frage und Antwort. Aulis Verlag in der Stark Verlagsgesellschaft mbH & KG (vergriffen)

? Frage **O**

Welche Verben können **kein** Akkusativobjekt bei sich haben?

nach: Wen oder was? Grammatik – Deutsch 1. Ein Lernspiel in Frage und Antwort. Aulis Verlag in der Stark Verlagsgesellschaft mbH & KG (vergriffen)

? Frage **L**

Bestimme das Wort *Ich*.

nach: Wen oder was? Grammatik – Deutsch 1. Ein Lernspiel in Frage und Antwort. Aulis Verlag in der Stark Verlagsgesellschaft mbH & KG (vergriffen)

? Frage **P**

Einheitlich, Einheit und *Einigkeit* – Mit welchem Ausdruck kann man diese Wörter zusammenfassen?

nach: Wen oder was? Grammatik – Deutsch 1. Ein Lernspiel in Frage und Antwort. Aulis Verlag in der Stark Verlagsgesellschaft mbH & KG (vergriffen)

? Frage **M**

Bestimme den zweiten Teil des Satzes *Der Film, den wir gestern gesehen haben, war langweilig!*

nach: Wen oder was? Grammatik – Deutsch 1. Ein Lernspiel in Frage und Antwort. Aulis Verlag in der Stark Verlagsgesellschaft mbH & KG (vergriffen)

? Frage **Q**

Welche Verben bilden das Präteritum mit *-te*, z.B. *er bestellte*?

nach: Wen oder was? Grammatik – Deutsch 1. Ein Lernspiel in Frage und Antwort. Aulis Verlag in der Stark Verlagsgesellschaft mbH & KG (vergriffen)

17 | Quiz: Fragen (3)

? Frage R

Welcher Nebensatz wird mit den Konjunktionen *indem* oder *dass* eingeleitet?

? Frage V

Bestimme den zweiten Teil des Satzes *Er sagte, dass er zufrieden sei*!

? Frage S

Bestimme das zweite Verb in dem Satz *Er fragt uns, wann sie käme*!

? Frage W

Bestimme den zweiten Satz in *Er hatte Angst, weil es dunkel war*!

? Frage T

Bestimme das zweite Verb in dem Satz *Er meinte, er denke*!

? Frage X

Welcher Satz wird mit *sodass* eingeleitet?

? Frage U

Klassifiziere das Wort *unter*!

? Frage Z

Wie nennt man ein Wort, das sich aus zwei Wörtern zusammensetzt, z.B. *Baumkrone*?

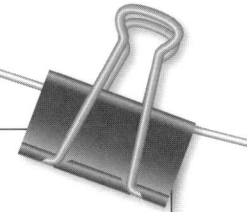

17 Quiz: Antworten (1)

Antwort 12

Mit einer Form von *haben* oder *sein* und dem Partizip Perfekt.

nach: Wen oder was? Grammatik – Deutsch 1. Ein Lernspiel in Frage und Antwort. Aulis Verlag in der Stark Verlagsgesellschaft mbH & KG (vergriffen)

Antwort 15

Umstandsbestimmung der Art und Weise

nach: Wen oder was? Grammatik – Deutsch 1. Ein Lernspiel in Frage und Antwort. Aulis Verlag in der Stark Verlagsgesellschaft mbH & KG (vergriffen)

Antwort 11

Präpositionalattribut

nach: Wen oder was? Grammatik – Deutsch 1. Ein Lernspiel in Frage und Antwort. Aulis Verlag in der Stark Verlagsgesellschaft mbH & KG (vergriffen)

Antwort 16

Kausalsatz

nach: Wen oder was? Grammatik – Deutsch 1. Ein Lernspiel in Frage und Antwort. Aulis Verlag in der Stark Verlagsgesellschaft mbH & KG (vergriffen)

Antwort 9

Konsekutivsatz

nach: Wen oder was? Grammatik – Deutsch 1. Ein Lernspiel in Frage und Antwort. Aulis Verlag in der Stark Verlagsgesellschaft mbH & KG (vergriffen)

Antwort 13

Transitive Verben

nach: Wen oder was? Grammatik – Deutsch 1. Ein Lernspiel in Frage und Antwort. Aulis Verlag in der Stark Verlagsgesellschaft mbH & KG (vergriffen)

Antwort 14

Kompositum

nach: Wen oder was? Grammatik – Deutsch 1. Ein Lernspiel in Frage und Antwort. Aulis Verlag in der Stark Verlagsgesellschaft mbH & KG (vergriffen)

Antwort 10

Possessivpronomen

nach: Wen oder was? Grammatik – Deutsch 1. Ein Lernspiel in Frage und Antwort. Aulis Verlag in der Stark Verlagsgesellschaft mbH & KG (vergriffen)

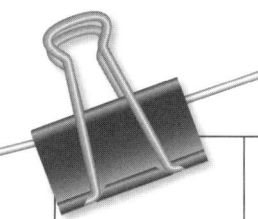

Antwort 6

Modalsatz

nach: Wen oder was? Grammatik – Deutsch 1. Ein Lernspiel in Frage und Antwort. Aulis Verlag in der Stark Verlagsgesellschaft mbH & KG (vergriffen)

Antwort 7

Lehnwörter

nach: Wen oder was? Grammatik – Deutsch 1. Ein Lernspiel in Frage und Antwort. Aulis Verlag in der Stark Verlagsgesellschaft mbH & KG (vergriffen)

Antwort 1

Synonyme

nach: Wen oder was? Grammatik – Deutsch 1. Ein Lernspiel in Frage und Antwort. Aulis Verlag in der Stark Verlagsgesellschaft mbH & KG (vergriffen)

Antwort 8

Indirekte Rede

nach: Wen oder was? Grammatik – Deutsch 1. Ein Lernspiel in Frage und Antwort. Aulis Verlag in der Stark Verlagsgesellschaft mbH & KG (vergriffen)

Antwort 4

Hilfsverben

nach: Wen oder was? Grammatik – Deutsch 1. Ein Lernspiel in Frage und Antwort. Aulis Verlag in der Stark Verlagsgesellschaft mbH & KG (vergriffen)

Antwort 2

Konjunktiv II
(Konjunktiv Imperfekt)

nach: Wen oder was? Grammatik – Deutsch 1. Ein Lernspiel in Frage und Antwort. Aulis Verlag in der Stark Verlagsgesellschaft mbH & KG (vergriffen)

Antwort 3

Präposition

nach: Wen oder was? Grammatik – Deutsch 1. Ein Lernspiel in Frage und Antwort. Aulis Verlag in der Stark Verlagsgesellschaft mbH & KG (vergriffen)

Antwort 5

Konjunktiv I
(Konjunktiv Präsens)

nach: Wen oder was? Grammatik – Deutsch 1. Ein Lernspiel in Frage und Antwort. Aulis Verlag in der Stark Verlagsgesellschaft mbH & KG (vergriffen)

17 Quiz: Antworten (3)

Antwort 19

Passivverben

nach: Wen oder was? Grammatik – Deutsch 1. Ein Lernspiel in Frage und Antwort. Aulis Verlag in der Stark Verlagsgesellschaft mbH & KG (vergriffen)

Antwort 22

Attributiv

nach: Wen oder was? Grammatik – Deutsch 1. Ein Lernspiel in Frage und Antwort. Aulis Verlag in der Stark Verlagsgesellschaft mbH & KG (vergriffen)

Antwort 21

Wortfamilie

nach: Wen oder was? Grammatik – Deutsch 1. Ein Lernspiel in Frage und Antwort. Aulis Verlag in der Stark Verlagsgesellschaft mbH & KG (vergriffen)

Antwort 17

Relativsatz

nach: Wen oder was? Grammatik – Deutsch 1. Ein Lernspiel in Frage und Antwort. Aulis Verlag in der Stark Verlagsgesellschaft mbH & KG (vergriffen)

Antwort 18

Bewertend

nach: Wen oder was? Grammatik – Deutsch 1. Ein Lernspiel in Frage und Antwort. Aulis Verlag in der Stark Verlagsgesellschaft mbH & KG (vergriffen)

Antwort 23

Intransitive Verben

nach: Wen oder was? Grammatik – Deutsch 1. Ein Lernspiel in Frage und Antwort. Aulis Verlag in der Stark Verlagsgesellschaft mbH & KG (vergriffen)

Antwort 24

Personalpronomen

nach: Wen oder was? Grammatik – Deutsch 1. Ein Lernspiel in Frage und Antwort. Aulis Verlag in der Stark Verlagsgesellschaft mbH & KG (vergriffen)

Antwort 20

Die sogenannten »schwachen« Verben

nach: Wen oder was? Grammatik – Deutsch 1. Ein Lernspiel in Frage und Antwort. Aulis Verlag in der Stark Verlagsgesellschaft mbH & KG (vergriffen)

Sonnenstrahlen für mein Wiederholungslernen

Den Lernstoff vor einer Prüfung zu wiederholen, ist grundsätzlich natürlich eine sehr sinnvolle Übung. Aber die einen drücken sich davor, andere wissen nicht, wo sie überhaupt anfangen sollen und einige verzetteln sich und machen manchmal des Guten zu viel. Vielleicht, weil sich der »Sicherheitskontrolleur« zu intensiv bei ihnen meldet und ihnen unaufhörlich einflüstert, den bereits gelernten Stoff immer wieder durchzugehen und zu überprüfen, ob alles noch da ist. Ein solcher »Kontrolleur« sorgt nicht für Sicherheit, sondern im Gegenteil, er macht nur verrückt und verstärkt die Unsicherheit.

Bei der Übung »Sonnerstrahlen für mein Wiederholungslernen« können die Schülerinnen und Schüler ihre Gedanken und Erfahrungen zu diesem Thema austauschen, sich gegenseitig inspirieren und ihr Methodenrepertoire erweitern.

Die Schülerinnen und Schüler setzen sich zu dritt oder zu viert um eine Kopiervorlage (DIN A 3 oder größer) und lassen die Sonne strahlen. Wer einen Strahl beisteuern kann, schreibt seine Idee an ein Strahlenende. Die Sonne soll möglichst viele Strahlen bekommen.

In einer ersten Runde sollen die Schülerinnen und Schüler ihre Strahlen stillschweigend anbringen und keine Kommentare abgeben, weder zu den eigenen noch zu den anderen strahlenden Gedanken.

In der zweiten Runde sollen die Einfälle in der Gruppe miteinander besprochen werden. In einer Abschlussrunde schließlich könnten alle Strahlen zu einer »Sonne des Wiederholens« zusammengetragen werden.

»Sonne des Wiederholens«

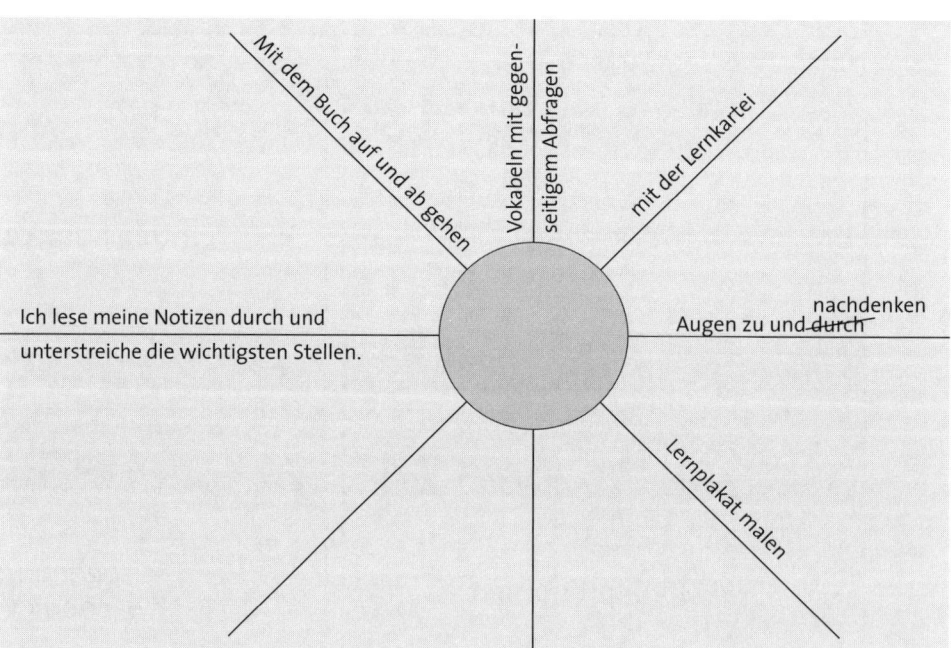

Kommen wenigstens zehn Strahlen zusammen, könnte zum Abschluss jeder seine persönlichen Favoriten mit dem »StuFi« ermitteln.

Merkhilfen durch Akronyme

PISA ist ein Begriff, den jeder kennt. Aber kaum jemand kann auf Anhieb die Wörter aufzählen, die hinter jedem dieser Buchstaben stecken (**P**rogramme for **I**nternational **S**tudent **A**ssessment).

Mit NATO oder UNESCO sieht es nicht viel anders aus (**N**orth **A**tlantic **T**reaty **O**rganization und **U**nited **N**ations **E**ducational, **S**cientific and **C**ultural **O**rganization). Trotzdem eignen sich Akronyme vortrefflich als Merkhilfe. Akronyme, die aus Anfangsbuchstaben gebildeten »Kunstwörter«, bilden eine Gedächtnisstütze für die Begriffe, die ich mir merken soll. Denn wer nach einem bestimmten Wort sucht, findet es oft sehr viel leichter, wenn er den Anfangsbuchstaben kennt. Und außerdem hilft die Anzahl der Akronym-Buchstaben, die Begriffe in der richtigen Reihenfolge und vollständig zusammen zu bekommen.

Das beginnt bereits mit Abkürzungen wie der PS-Formel in Mathematik: P vor S, Punkt- vor Strichrechnung.

Doch auch ein »nichtssagendes« Fantasiewort wie ÜFLAN kann eine vielsagende Merkhilfe für ein Ablaufschema bei der Bearbeitung eines Sachtextes sein:

Ü – Überfliegen
In den Text hineinschnuppern, kurz anlesen und auf die Suche gehen, worum es in dem Text geht, und ob es das ist, wonach ich suche.

F – Fragen stellen
Was kenne ich von diesem Thema bereits? Was will ich wissen? Was verstehe ich auf Anhieb und was noch nicht? Was ist besonders interessant, was besonders wichtig?

L – Lesen
Im dritten Schritt lese ich den Text gründlich, halte von Zeit zu Zeit inne und denke über das Gelesene kurz nach. Finde ich Antworten auf meine Fragen?

A – Anstreichen
Wenn möglich, »male« ich in dem Text herum, ich unterstreiche und markiere und setze !! und !? oder ?? an den Rand.

N – Notieren
Im nächsten Schritt bearbeite ich die markierten Stellen, exzerpiere oder schreibe Stichwörter heraus.

Ü
F
L
A
N

In diese Kategorie des Ordnens von Informationen fallen auch Merksätze. Bekannte Beispiele sind in Musik Sprüche wie »Es geht hurtig mit Fleiß« für die Noten der Tonfolge auf den Notenlinien oder »Fritz aß gern Citroneneis« für die Noten in den Zwischenräumen. Oder die Ostfriesischen Inseln in ihrer Lage von Ost nach West:
- Wangerooge
- Spiekeroog
- Langeoog
- Baltrum
- Norderney
- Juist
- Borkum

Vielleicht kann für das lückenlose Aufsagen ein solcher Nonsens-Satz hilfreich sein: Warum Spielen Lange Boys Nordisches Jux Boccia?

Und wer die Reihenfolge von West nach Ost hersagen soll, könnte es mit diesem seltsamen Satz versuchen: Boxer Jammern Nie Bei Langen Spielen – Warum?

Welche Akronyme lassen sich bilden, wenn ein Sachtext wie der folgende nach der »ÜFLAN-Methode« bearbeitet wurde?

Der Bau des Auges und die Funktion seiner Teile

Die Augenwand ist aus drei Schichten aufgebaut. Die äußere weiße und feste Schicht ist die **Lederhaut**. *Nach vorne geht sie in die vorgewölbte durchsichtige* **Hornhaut** *über. Beide schützen die inneren Teile des Auges. Die mittlere Schicht ist die* **Aderhaut**. *Sie wird von zahlreichen Blutgefäßen durchzogen und dient der Versorgung der Augenteile mit Nährstoffen und Sauerstoff sowie dem Abtransport von Stoffwechselendprodukten. Nach vorn schließen sich* **Ziliarkörper** *und* **Regenbogenhaut** *an. Die Regenbogenhaut enthält eingelagerte Farbstoffe, durch die die Augenfarbe entsteht. In ihrer Mitte lässt sie ein kreisrundes Loch frei, das Sehloch oder die* **Pupille**. *Ring- und strahlenförmig angeordnete Muskeln in der Regenbogenhaut bewirken durch Kontraktion eine Verengung bzw. Erweiterung der Pupille, sodass dadurch eine unterschiedliche Menge von Licht in das Auge gelangt. Der hinter der Regenbogenhaut liegende Ziliarkörper besteht aus einem Ringmuskel. Er umgibt wie ein Ring die farblose, durchsichtige und bikonvexe* **Linse**. *Die innere Augenschicht besteht aus zwei Teilen. Außen liegt die schwärzliche* **Pigmentschicht**. *Sie ist fest mit der Aderhaut verwachsen und schützt die weiter innen liegende lichtempfindliche* **Netzhaut** *vor dem einfallenden Licht.*

Wie lässt sich dieser Abschnitt anhand dieser blödsinnigen »Metapher« rekonstruieren?

1. HAPiN (Hornhaut außen, Aderhaut in der Mitte; Pigmentschicht und Netzhaut innen)
2. ReZiPuLi (Regenbogenhaut und Ziliarkörper, Pupille, Linse)

Es macht Spaß, Akronyme gemeinsam zu kreieren und sich danach gegenseitig abzufragen. Akronyme geben manchem trockenen Stoff eine besondere Würze. Wer gern kreativ arbeitet und mit dieser Methode gut zurechtkommt, hat damit ein Instrument zur Verfügung, mit dem sich aus selbstgemachten Akronymen ein erlaubter Spickzettel gestalten lässt.

»Bisweilen kann sich der tollste Einfall, der anscheinend unsinnigste Gedanke so in uns festsetzen, dass man ihn schließlich selbst für ausführbar hält.«
Fjodor M. Dostojewski, Der Spieler

Wissensbezogene Bausteine zur Prüfungsvorbereitung und die persönliche Prüfungsvorbereitung gehören zusammen! Die hier aufgezeigten Bausteine zum Ressourcenmanagement einer guten Prüfungsvorbereitung führen in ihrer Summation auch zu verantwortungsvollem Handeln, zur Selbstständigkeit.

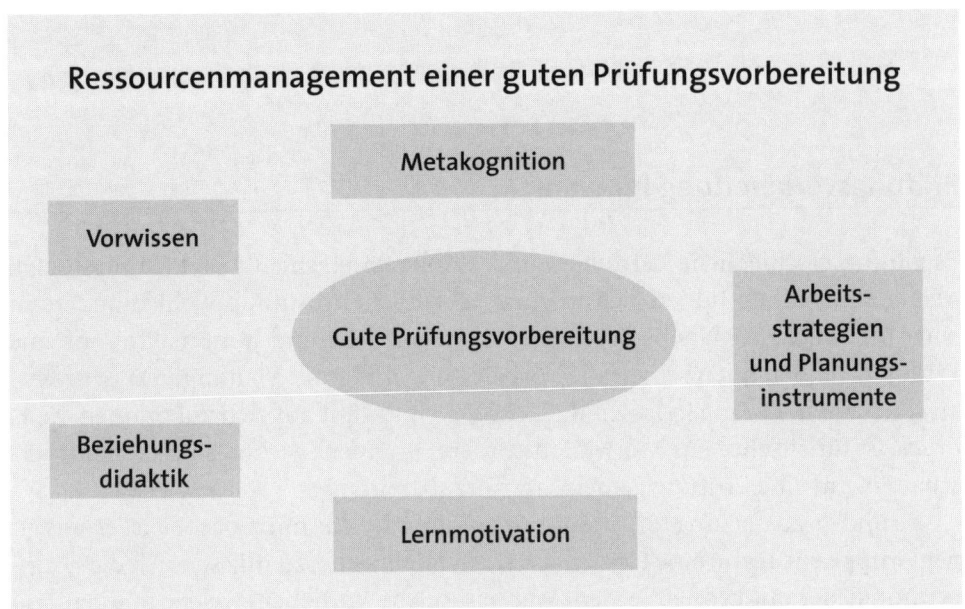

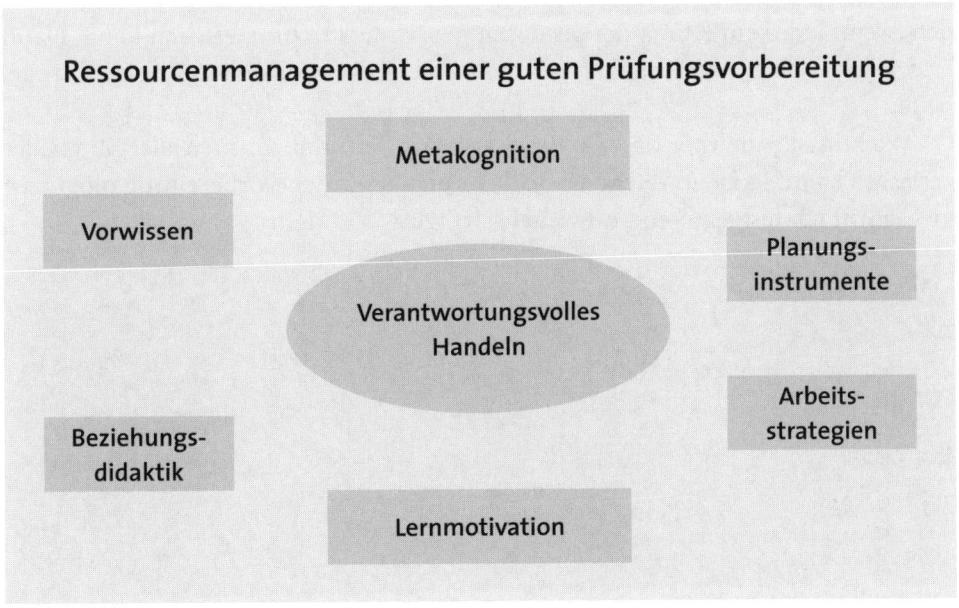

Wichtig ist, dass das »verantwortungsvolle Handeln« nicht als Zustand, sondern als Prozess verstanden wird. Dieser Prozess ist ein Weg zur Selbstständigkeit, der immer wieder auf den Prüfstand gestellt werden muss, damit die Fähigkeit und die Bereitschaft zum Handeln konsequent bleibt.

2 | Lern- und Prüfungstypen

*Verschiedene Modelle
von Lernpartnerschaften prüfen*

2.1 | Prüfungsvorbereitung im Team

Es gibt unterschiedliche Lerntypen und es gibt unterschiedliche Prüfungstypen. Manche Menschen fühlen sich in einer schriftlichen Prüfung wohler, andere in einer mündlichen. Manche bereiten sich systematisch und mit Struktur auf eine Prüfung vor. Bei ihnen schafft die Vorbereitung mit guter Planung und Zeitreserven Sicherheit. Die einen lassen die Prüfung entspannt auf sich zukommen, Zeitdruck ist für sie eher ein Motivationsförderer – andere suchen sich Lernpartnerschaften, um eine Prüfung gemeinsam vorzubereiten.

Grundvoraussetzung für eine gute ökonomische Zusammenarbeit ist es, aus einer Gruppe ein Team, eine Gemeinschaft zu bilden. Hierzu müssen sich die Gruppenmitglieder gut kennen lernen. Wer hat welche Vorlieben, welche Stärken und welche Schwächen? Diese individuellen Unterschiede können dann geschätzt werden, wenn jeder ein Klima der gegenseitigen Unterstützung erleben kann. Dann entwickeln sich Synergieeffekte mit dem Ziel, gemeinsam ökonomischer zu arbeiten.

Wichtig ist es hierbei, dass das Team sich auf Verbindlichkeiten aller Mitglieder verlassen kann. Es ist zu raten, dass bei der gemeinsamen Vorbereitung möglichst viel schriftlich festgehalten und visualisiert wird.

Wer kann was?

	Florian	Laura	Sophia	Philipp
Rechtschreibung	x	o	o	+
Vortragen	o	+	x	+
Computer	x	+	o	o
Planen	+	o	+	x
Kreativität	+	x	x	+

x Hohe Kompetenz   + Überdurchschnittliche Kompetenz   o Basiskompetenz

Senecas Empfehlung »Docendo discimus« (Durch Lehren lernen wir) wird bei der Teamarbeit besonders wirksam. Herrscht im Team eine tolerante Feedbackkultur, dann lassen sich Prüfungssituationen gut einüben und nachspielen. Die Gruppenmitglieder stellen sich wechselseitig Prüfungsfragen und schlüpfen in die Rolle des Prüfers und Beobachters. Auch auf diese Aufgabe müssen sie sich natürlich vorbereiten. Derartige Tutorenmodelle lassen sich auch im Unterricht in verschiedenen Formen des kooperativen Lernens sehr gut und sinnvoll praktizieren und einüben.

Die Kunst der Teambildung besteht darin, ein Gefüge zu bauen, bei dem jeder das berechtigte Gefühl hat, dass es auch auf ihn und seinen Beitrag ankommt, dass er zum Gelingen des Projektes wichtig ist.

Grundsätze der Prüfungsvorbereitung im Team:
1. Akzeptanz und Kenntnis der Verschiedenheit
2. Feedbackkultur
3. Regelmäßigkeit
4. Verbindlichkeit

Lernstrategien individualisieren – Lernvorlieben entdecken | 2.2

Nun gibt es eine Fülle von Lern- und Arbeitsstrategien zur Verbesserung des eigenen schulischen Lernens. Wie kann eine Schülerin oder ein Schüler aus dieser Menge an Lerntipps die Strategien herausfiltern, die ihm für seinen Lerntypus, für seinen Lerncharakter am geeignetsten erscheinen? Im Anti-Pauk-System hat Wolfgang Endres ein Gliederungsmuster hierzu vorgelegt. Er sortiert Strategien nach dem Prinzip der Lernvorlieben. Dort werden vier Gruppen von Lernvorlieben unterschieden und als »Die vier Farben des Lernens« vorgestellt.

72 f. KV 18: Lernvorlieben

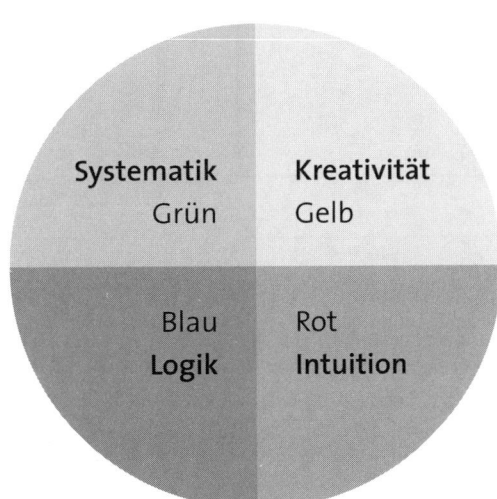

18 | Lernvorlieben (1)

Post-its – GR

Ich setze Post-its in verschiedenen Farben und Größen zur Ordnungs- und Struktur-hilfe ein.

Zeitreserven – GR

Ich schaffe mir Zeitreserven und plane von Zeit zu Zeit einfach die doppelte Zeit ein.

Prioritäten – GR

Ich verschaffe mir eine Übersicht durch Lernplanung nach Prioritätenlisten.

Ich gebe meinen Aufgaben Punkte oder Sternchen, z. B.:

**** sehr wichtig und eilt
*** nicht so wichtig, eilt aber
** sehr wichtig, hat aber Zeit
* nicht so wichtig und hat Zeit

Loci-Technik – GR

Ich arbeite mit der Loci-Tech-nik, d. h. ich teile den Lern-stoff in Stichwörter auf, die ich auf einzelne Zettel oder Karteikarten schreibe. Diese platziere ich dann gedanklich oder tatsächlich an bestimm-ten Orten.

Checklisten – GR

Schon das Zusammenstellen der Punkte, die ich abarbei-ten will (oder muss) in einer Checkliste, gibt mir Ruhe und Sicherheit.

Außerdem ist das spätere Abhaken ein Vergnügen.

Textmarker – GR

So arbeite ich z. B. mit dem Wörterbuch: Ein nachgeschlagenes Wort markiere ich gelb, dasselbe Wort im Wiederholungsfall grün, beim dritten Mal übermale ich sogar rot.

Zeitgefühl – GR

So trainiere ich mein Zeitgefühl: Ich schätze zu Beginn einer Aufgabe, wie viel Zeit ich für die Bearbeitung wohl benötige. Anschließend vergleiche ich diese mit der tatsächlich gebrauchten Zeit.

Realistische Zeiteinschätzung ist eine wichtige Vorübung für eine gute Lernplanung.

Gute Schätzergebnisse sind außerdem Erfolgserlebnisse.

18 | Lernvorlieben (2)

Auswählen – BL

Ich treffe gerne Entscheidungen, wähle aus und lasse Überflüssiges weg.

Ich trainiere meinen Mut zur Lücke. Ich verteile zum Beispiel dicke Klebepunkte auf einer Textseite und versuche beim anschließenden Lesen den »Lückentext« zu verstehen.

Realistische Ziele – BL

Ich analysiere, ob ich mir ein realistisches Ziel gesetzt habe. Dann formuliere ich konkret mein Ziel und vereinbare mit mir ganz konkret, was ich bis wann geschafft haben will.

Transfer – BL

Ich trainiere meine Transferfähigkeit. Das heißt, ich frage bei neuen Aufgaben nach Analogien und Querverbindungen: Ich denke an Lösungsstrategien, mit denen ich bei vorausgegangenen Aufgabenstellungen erfolgreich war.

Erklären – BL

Wenn ich einem anderen etwas erkläre, lerne ich selbst am meisten dabei. Deshalb arbeite ich gern mit einem Lernpartner oder einer Lernpartnerin.

Lehrerfragen – BL

Ich analysiere typische Lehrerfragen. Die einen fragen auffallend oft nach Fakten, Daten, Zahlen, die anderen öfter: Warum – wieso – weshalb? Die Entdeckung des Schemas liefert mir wertvolle Anhaltspunkte für die zu erwartenden Prüfungsfragen.

Prüfungsfragen – BL

Zur Vorbereitung auf eine Prüfung erfinde ich eigene Prüfungsfragen und stelle mir dadurch eine Probeprüfung zusammen.

Textaufgaben – BL

Textaufgaben sind ein gutes Training für die Prüfung. Bevor ich bei einer Textaufgabe mit dem Rechnen anfange, frage ich mich erst einmal genau: Was ist überhaupt gefragt? Dabei erkläre ich mir die Aufgabe mit eigenen Worten und zeichne gern eine Skizze dazu.

18 | Lernvorlieben (3)

Aussprache – GL

Ich bemühe mich bei einem Referat oder einer Präsentation um eine gute Aussprache. Das erhöht die Wirkung. Zum Training für eine bessere Artikulation lese ich ganz allein für mich und heimlich einen Text mit einem Weinkorken zwischen den Zähnen laut vor.

Gedankengänge – GL

Ich gehe beim Lernen auf und ab und erkläre mir dabei einen komplexen Sachverhalt halblaut selbst.

Dabei geht mir oft ein Licht auf, mir kommen ganz neue Gedanken und ich erkenne manche Zusammenhänge erst beim Gehen.

Intervalltraining – GL

Ich variiere die Reihenfolge des Lernstoffs, z.B. erledige ich schriftliche und mündliche Aufgaben im Wechsel. Und dann kontrolliere ich nicht alles auf Schritt und Tritt. Zum Beispiel frage ich Vokabeln nicht sofort nach dem Lernen ab, sondern erst einige Zeit später.

Tafelkreide – GL

Arbeite statt mit Stift und Papier oder mit dem Computer hin und wieder mit Tafel und Kreide.

Mind Map – GL

Ich fertige meine Notizen gern wie eine Lernlandkarte als Mind Map an.

Paradox – GL

Manchmal wiederhole ich auf eine ganz »verrückte« Art: Ich notiere und markiere ein paar wichtige Stichwörter, um diese ausdrücklich **nicht** behalten zu wollen. Der wahrscheinlich gegenteilige Effekt zeigt, dass wir bei vielem, um das wir verkrampft kämpfen, oft genau das Gegenteil erreichen.

Stehpult – GL

Die »Goldene Regel« für einen festen Arbeitsplatz heißt: »Gelernt wird nur am Arbeitsplatz – am Arbeitsplatz wird nur gelernt!« Aber selbst bei goldenen Regeln gilt: Keine Regel ohne Ausnahme. Deshalb lese oder schreibe ich gelegentlich im Stehen an einer Art Stehpult.

18 | Lernvorlieben (4)

Distanz – RT

Oft ist es hilfreich, eine schwierige Aufgabe zurückzustellen oder eine Nacht darüber zu schlafen. Manchmal gehe ich zu mir selbst in die »Sprechstunde« und sage mir: Was würdest du jemandem raten, der mit genau diesem Problem zu dir käme?

Pausen – RT

Ich mache »Pausen mit Gefühl« und höre auf, wenn es am schönsten ist. Bevor ich in die Pause gehe, überlege ich kurz, mit welcher Aufgabe ich nach der Pause weitermachen will. Die entsprechenden Unterlagen dafür lege ich mir schon einmal zurecht und gehe mit einem guten Gefühl in die Pause.

Erfolgssymbol – RT

Wenn ich ein besonderes Erfolgserlebnis hatte, schreibe ich mir auf, was das war. Manchmal notiere ich mir wortwörtlich ein Kompliment, das mir eine Lehrerin oder ein Lehrer gemacht hat, auf ein Kärtchen und benutze mein ganz persönliches Erfolgszeichen als Lesezeichen.

Lernklima – RT

Ich lege Wert auf ein gutes Lernklima und gestalte meinen Arbeitsplatz so, dass ich mich dort wohl fühlen kann: Ein schöner Kalender, ein Foto oder Blümchen – was meinem persönlichen Geschmack entspricht.

Vorbilder – RT

Ich interessiere mich für Biografien von Menschen, von denen ich beeindruckt bin. Ich lasse mich von ihren Gedanken, ihrer Haltung oder ihrem Werk inspirieren.

Lerncoach – RT

Ich arbeite gern im Team. Ich bin auch sehr froh, wenn ich einen Lerncoach habe, mit dem ich über die Prüfung und meine Prüfungsvorbereitung reden kann.

Motto – RT

Meine Motivation unterstütze ich durch ein Motto. Ich suche mir einen guten Spruch, ein tolles Gedicht oder Foto für meinen Schreibtisch. Hier ein schönes Beispiel, das mir schon bei mancher Prüfungsvorbereitung sehr geholfen hat:

»Siehst du einen Riesen, so achte auf den Stand der Sonne, ob es nicht der Schatten eines Zwerges ist.« (Novalis)

Lernst du lieber Rot oder Blau?

Wenn du die Fragen und Aufgaben bearbeitest, kommst du dir ein Stück auf die Spur, was für ein Prüfungstyp du vermutlich bist. Wenn du das weißt, kannst du das Angebot an Tipps zur Prüfungsvorbereitung gezielter auswählen und besser nutzen.

Du kannst in jedem Block drei Punkte vergeben. Diese kannst du verteilen, wie du willst. Trifft eine der vier Aussagen mit deutlichem Vorsprung vor den anderen zu, gibst du dieser drei Punkte, sonst verteilst du einmal zwei und einmal einen Punkt oder vergebe dreimal einen Punkt.

Du hast beim Vorbereiten eines Referats mehrere Möglichkeiten. Welche ist dir am liebsten?

❏ GR

Ich orientiere mich gern an Vorlagen und Musteraufgaben.

❏ BL

Ich recherchiere und bearbeite die Quellen am liebsten für mich allein.

❏ GL

Ich will etwas Einmaliges schaffen, ein Unikat, etwas »künstlerisch Wertvolles«.

❏ RT

Ich suche mir ein Team, das Wert darauf legt, dass neben der Arbeit auch Zeit zum Klönen bleibt.

Du hast eine Prüfung hinter dir, die nächste steht in zehn Tagen an.

❏ GR

Ich sage mir »Nach dem Spiel ist vor dem Spiel« und mache möglichst bald einen Plan, wie ich die Zeit bis dahin am besten nutze.

❏ BL

Ich gehe die Prüfung für mich allein noch einmal in Gedanken durch und errechne das vermutliche Ergebnis.

❏ GL

Ich bin froh, dass es vorbei ist und gönne mir erst einmal eine fröhliche Auszeit.

❏ RT

Ich will jetzt erst einmal ein bisschen feiern – oder wenn erforderlich, mich trösten lassen.

Seit mehr als einer Woche kennst du den Prüfungstermin. Morgen ist es soweit.

❏ GR

Ich habe in den letzten Tagen das meiste zwar schon bearbeitet, aber ich rechne doch noch mit einigen Lücken und gehe meine Notizen noch einmal durch. Hoffentlich reicht mir die Zeit dafür.

❏ BL

Ich denke noch einmal in Ruhe über den Lernstoff nach, stelle mir vor, welche Fragen dran kommen können und bearbeite vielleicht eine Musteraufgabe.

☐ GL

Ich mache mir einen kreativen Spickzettel. Den will ich (voraussichtlich) nicht einsetzen, aber ich werde ihn mal (vorsorglich) mitnehmen.

☐ RT

Ich muss noch mit jemandem über die anstehende Prüfung reden und will mich vergewissern, ob ich das Richtige und Wichtige vorbereitet habe.

Wie kommst du mit deiner Zeitplanung zurecht?

☐ GR

Ich habe einen Terminplaner, ohne den wäre ich aufgeschmissen. Im Allgemeinen bin ich pünktlich und zuverlässig und halte meine Termine ein.

☐ BL

Ich konzentriere mich auf das Wesentliche und sage »Nein!«, wenn es zu viel wird. Wenn ich das System einer Aufgabe kapiert habe, brauche ich nicht mehr weiterüben.

☐ GL

Ich brauche Freiraum. Unter Zeitdruck kann ich nicht kreativ sein und trotzdem schaffe ich vieles nur auf den letzten Drücker.

☐ RT

Ich habe ziemlich viel Stress mit meinen Terminen, vor allem, weil alle möglichen Leute alles Mögliche von mir wollen.

Du sollst eine Prüfung im Team vorbereiten.

☐ GR

Ich organisiere den Raum, stimme den Terminplan mit den anderen ab und besorge einige Unterlagen und Kopien.

☐ BL

Ich bin nicht so begeistert von der Teamidee. Vermutlich wird die meiste Zeit doch nur gelabert.

☐ GL

Ich bin gespannt, wie das läuft, und hoffe, dass wir auch viel Spaß haben werden. Ich hab da schon eine Idee …

☐ RT

Ich bringe ein paar Getränke oder einen Kuchen mit.

Während deiner Prüfungsvorbereitung bekommst du eine Einladung per SMS.

☐ GR

Ich sage ab, da ich weiß, dass mir die Zeit sonst für die Vorbereitung fehlt.

☐ BL

Ich bin während der Arbeit nicht online. Außerdem: Was für eine Einladung soll das sein?

☐ GL

Kommt drauf an. Ein attraktives Angebot lass' ich mir nicht entgehen.

☐ RT

Ich schaue, wie ich die Kurve bekomme, und beeile mich mit meiner Arbeit.

Trage die Summe deiner Punkte ein:

☐ GR   ☐ BL   ☐ GL   ☐ RT

Auswertung

Die »Prüfungstypen« mit ihren Lernvorlieben und Abneigungen sind so facettenreich, dass sie sich nicht eindeutig zuordnen lassen – schon gar nicht nach dem Ankreuzen einiger weniger Aussagen. Die Anzahl der Punkte gibt lediglich eine Tendenz an. Vielleicht ist aber trotzdem lohnend, sich die Anregungen in den Farbfeldern mit den höchsten Punktzahlen einmal näher anzuschauen:

Grün

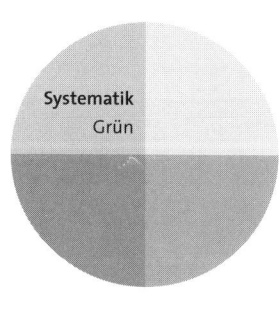

Das Lernen mit System gehört zu deinen Stärken. Du liebst übersichtliche Vorgaben und brauchst Gliederungen und Strukturen als Arbeitshilfe. Eine gute Lernplanung mit klaren Aussagen zu Bestandsaufnahme, Bewertungshilfen, Zielformulierungen und Maßnahmenvorgaben sind für dein Lernen wichtig.

Der Lernende mit grüner Lernvorliebe ist der geborene Organisator. Struktur und Systematik tun ihm gut. Er kann hervorragend mit Tabellen arbeiten. Checklisten geben ihm Orientierung. Indem er formalisiert und nach Mustern sucht, bringt er die Dinge in Ordnung.

Zeit ist für ihn ein wertvolles Gut. Entsprechend sorgfältig geht er damit um. Er braucht einen Plan und geht Schritt für Schritt vor. Er arbeitet nicht gerne auf den letzten Drücker. Er braucht für sein Gefühl der Sicherheit einige Wiederholungen. Er können sich gut auf seine Arbeit konzentrieren, verliert sich aber gelegentlich in Details.

Er hält es gern mit Reinhold Messner: »Die Grenze des Machbaren ist nur in kleinen Schritten erreichbar. Je näher ich an diese Grenze komme, umso kleiner müssen die Schritte sein.« Er will (und muss) wissen, woran er ist , was in der Prüfung drankommt.

Ordne deine Elemente nach Themengruppen, in Tabellen, Checklisten, alphabetisch. Blättere deine Unterlagen systematisch durch.

Blau

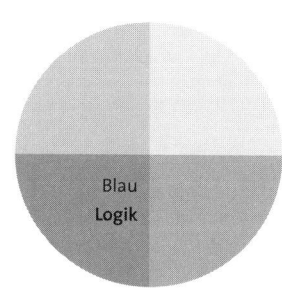

Die Rahmenbedingungen der vorherigen Kategorie sind für dich ebenfalls wichtig. Hinzu kommt, dass du eine ausgezeichnete Fähigkeit für abstraktes Denken hast. Logeleien und Denksportaufgaben kannst du gut lösen. Du bist ein rationaler Typ.

Menschen mit blauen Lernvorlieben sind analytische Denker. Wenn die Dinge klar sind, dann fühlt sich der »blaue Lerner« wohl. Mit Fakten kann er gut arbeiten. Die logischen Dinge geben dieser Lernvorliebe halt. Das Lernen durch das Lehren ist hierbei ein bewährtes Instrument zum Gelingen des Lernens.

Sie können sich mit kühlem Kopf auf ihre Arbeit konzentrieren. Sie wirken dadurch eher distanziert oder gar arrogant, so als wollten sie mit den anderen nichts zu tun haben. Das trifft aber so nicht zu. Deshalb recherchieren sie – lesen sie das Inhaltsverzeichnis eines Buches durch. Sie notieren sich Fragen, die ihnen zu dem Thema einfallen. Sie arbeiten gern für sich allein und bevorzugen Ruhe und Stille bei der Arbeit. Sie hinterfragen gern, gehen den Dingen auf den Grund. Das kann weniger am Thema Interessierte ziemlich nerven.

Gelb

Du gehörst zu den kreativen Menschen. Wenn sich Wissen mit deinem Fantasiereichtum zusammen tut, dann entstehen viele brauchbare Ideen. Du probierst auch gerne aus und hast dazu die nötige Geduld. Ordnung ist dir dabei nicht so wichtig. Das Lernen in Bildern und das Ausprobieren von Lernexperimenten liegt dir sehr. Probiere beim Lernen einmal die paradoxe Intervention aus und arbeite mit Eselsbrücken.

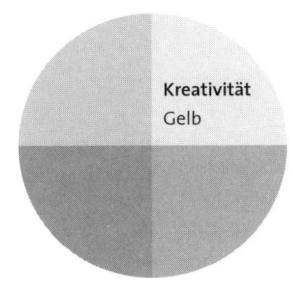

Menschen mit diesen Stärken haben eine hohe Toleranz für eigenes Scheitern. Sie sind prädestiniert für visionäre und perspektivische Aufgaben. Es liegt ihnen, viel zu experimentieren und aus ihrem Chaos Fruchtbares entstehen zu lassen.

Sie reizt das Fremde und das Neue. Sie brauchen Spaß und Nervenkitzel. Sie arbeiten kreativ und finden es langweilig, Vorgegebenes zu lernen oder gar zu pauken. Für Details haben sie keine besondere Antenne, sie denken gern in größeren Zusammenhängen. Zeiteinteilung und Pünktlichkeit zählen nicht zu ihren Stärken.

Stelle Vergleiche an, assoziiere, erstelle eine Mindmap zu dem Thema.

Rot

Dein Lernerfolg hängt stark von deinen Emotionen und deiner Stimmung ab. Lob und die Anerkennung sind dir wichtige Begleiter auf dem Weg zum Erfolg. Zu einem guten Lernklima gehören bei dir Lernfreunde. Du bist ein ausgezeichneter Teamarbeiter.

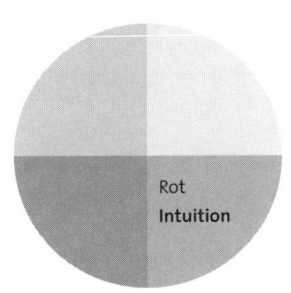

Rote Lernvorlieben können nicht gut alleine sein. Lernpartnerschaften mit einer persönlichen, emotionalen Komponente sind fast lebensnotwendig. Für rote Lernvorlieben ist es wichtig, dass sie ihren Lehrer mögen. Beziehungen und Lernklima müssen positiv besetzt sein. Das Kommunizieren, das Lernen mit Gefühl und das Wissen um positive Motive helfen dabei. Dann sind rote Lernvorlieben im Team kaum zu schlagen.

Sie brauchen ein Lernklima, in dem sie sich wohl fühlen. Sie spornt es mehr als andere an, wenn sie gelobt werden. Sie können sich sehr gut in andere versetzen, sind tolerant und verständnisvoll, in ihrem Denken flexibel, können andere Argumente gut nachvollziehen und betrachten die Dinge gern aus verschiedenen Perspektiven. Sie arbeiten gern im Team – vorausgesetzt, die Chemie stimmt. Mündliche Prüfungen absolvieren sie wahrscheinlich lieber und präsentieren ihre Arbeiten gerne – manchmal auch übungshalber ihrer Schreibtischlampe oder Zimmerpflanze.

Stelle dich mental auf die Prüfung ein. Spreche Aufgaben im Team durch, erkläre sie einem anderen.

In weiterer Anlehnung an die »Pädagoptik« (»Die Endres Lernmethodik«) lassen sich Lern- und Prüfungssituationen auch spielerisch aus verschiedenen Perspektiven und unter unterschiedlichen Aspekten betrachten: Die Klasse wird in vier Gruppen aufgeteilt, eine grüne, eine blaue, eine gelbe und eine rote Gruppe. Jedes Gruppenmitglied setzt sich, entsprechend der Farbgruppe, eine dieser vier Farbbrillen auf – oder nutzt sonst ein Erkennungszeichen in dieser Farbe.

Bei größeren Klassen wird jede Farbgruppe nochmals unterteilt.

Nun bekommt jeder einen (entsprechend farbigen) Aufgabenzettel mit einer Frage oder einem Arbeitsauftrag und soll die entsprechenden Facetten und »Schattierungen« des Themas aus seiner Sicht betrachten.

Die Gruppe mit der *grünen Brille* entdeckt Strukturen und Ordnungselemente:
- Was ist ein guter Zeitplan für das Gelingen einer Prüfung?
- Inwiefern sind Tabellen und Checklisten nützlich?
- Welche Informationen über den Inhalt der Prüfung sollen Lehrer vorher geben?

Die mit der *blauen Brille* auf der Nase analysieren und diskutieren streng sachlich mit logischer Argumentation:
- Welchen Sinn haben Klassenarbeiten und Prüfungen?
- Wann ist es sinnvoll und wann ist es sinnlos, sich auf eine Prüfung vorzubereiten?
- Warum ist guter Unterricht auch gute Prüfungsvorbereitung?

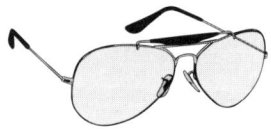

Die mit der *gelben Brille* suchen nach Alternativen und experimentieren auf neuen Lösungswegen:
- Was gehört zu einer Prüfungsvorbereitung ohne Stress?
- Was wäre eine gute Alternative für Klassenarbeiten und Prüfungen?
- Was sind Merkmale eines guten Spickzettels?

Die mit der *roten Brille* betrachten sehr aufmerksam die emotionalen Wirkungen und Auswirkungen:
- Was sind die Vorteile einer Prüfungsvorbereitung im Team?
- Wie sehr kommt es in einer Prüfung auf die Lehrerin oder den Lehrer an?
- Wie gehe ich ohne Angst in eine Prüfung?

Nach einiger Zeit schickt jede Gruppe einen Abgeordneten zur Diskussionsrunde. Dort stellen die vier Abgeordneten das Thema ihrer Gruppe kurz aus ihrer farblichen Sicht vor. Die drei anderen hören aufmerksam zu. Haben alle vier ihr Statement abgegeben, beginnt eine Diskussion, in der jeder seine Perspektive verteidigt.

Nach kurzem Hin und Her tauschen sie ihre Brillen untereinander aus und setzen die Diskussion aus der entsprechend neuen Sicht fort. Es wird nicht einfach sein, die vorbereitete und bis vor kurzem noch verteidigte Position aufzugeben und mit den neuen Argumenten fortzufahren.

Wir benutzen jeden Tag unsere Fähigkeiten, aber häufig, ohne es zu merken. Wer seine Stärken und besonderen Begabungen genauer kennt, kann diese auch besser beim Lernen einsetzen.

82 f. KV 19:
Fähigkeiten-TÜV

Allerdings machen wir nicht alles, was wir gut können, allein deshalb schon gerne. Wer gut mit Tieren umgehen kann, sich um die Nahrung und die Pflege kümmert, wird das nicht immer gerne tun. Trotzdem bietet die Suche nach seinen individuellen Fähigkeiten eine wichtige Voraussetzung, Lernvorlieben aufzuspüren.

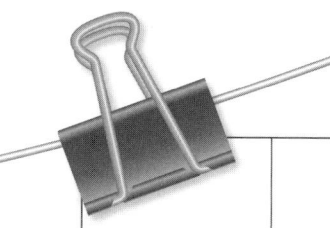

19 | Fähigkeiten-TÜV

Kreuze in der Liste jede Fähigkeit an, die du deiner Meinung nach hast. Zum Beispiel heißt eine Fähigkeit: Ich kann gut … ❏ … mit Tieren umgehen und mich um die Nahrung und Pflege kümmern. Bevor du diese Fähigkeit ankreuzt, stellst du dir die Frage: Habe ich in der Vergangenheit schon einmal gezeigt, dass ich gut mit Tieren umgehen und mich um die Nahrung und Pflege kümmern kann?

Warte noch mit dem Ankreuzen, bis du dir auch die nächste Frage beantwortet hast: Haben mir andere schon einmal gesagt oder mich dafür gelobt, dass ich gut mit Tieren umgehen und mich um die Nahrung und Pflege kümmern kann?

Kannst du beide Fragen positiv beantworten? Dann kreuze diese Fähigkeit an, auch dann, wenn du das Beschriebene nicht sehr gern machst oder überhaupt nicht magst. Fehlt eine deiner Fähigkeiten in dieser TÜV-Liste? Dann kannst du sie unten ergänzen.

Ich kann gut …

❏ Fußball spielen.

❏ _____ (eine Sportart wie Handball, Tennis, Ballett, Reiten).

❏ meine körperliche Kraft beweisen (z. B. beim Boxen, Ringen oder Kisten schleppen).

❏ meine Hände und Finger gebrauchen, ich bin »handwerklich begabt«.

❏ ausschneiden, schnitzen oder meißeln (z. B. Holzschnitzereien).

❏ feine »Handarbeiten« durchführen (z. B. löten, nähen).

❏ Feinarbeiten mit Werkzeug oder Instrumenten durchführen (z. B. Zeichnungen mit Lineal).

❏ Geräte, Maschinen oder Fahrzeuge in Gang setzen oder zusammenbauen.

❏ Geräte, Maschinen, Fahrzeuge benutzen, steuern oder fahren.

❏ etwas formen und gestalten (z. B. Tonarbeiten, Knete, Haarstyling).

❏ etwas pflegen, in Ordnung halten oder reparieren (z. B. Fahrrad).

❏ etwas in der Wohnung verschönern (z. B. dekorieren, Schränke oder Wände verzieren).

❏ Pflanzen pflegen und etwas zum Blühen bringen.

❏ etwas backen oder kochen.

❏ und schnell reagieren (z. B. bei Computerspielen).

❏ mit Tieren umgehen und mich um die Nahrung, Pflege und Aufzucht kümmern.

❏ riechen, Gerüche erkennen und unterscheiden.

❏ Geschmacksrichtungen erkennen und unterscheiden.

❏ anderen Menschen helfen (z. B. Behinderten).

19 Ich kann gut ...

- ❏ jemandem etwas erklären oder beibringen (Hausaufgaben, Klassenarbeitsvorbereitung).
- ❏ jemanden beraten, unterstützen und aufbauen (z. B. Freunde, Geschwister, Mitschüler).
- ❏ Menschen zusammenbringen oder eine Gruppe leiten.
- ❏ Menschen einschätzen und beurteilen.
- ❏ Menschen überzeugen, begeistern, motivieren.
- ❏ mich für Ideen anderer einsetzen, die Ideen anderer weitervermitteln.
- ❏ mit fremden Menschen in Kontakt treten.
- ❏ vor einer Gruppe sprechen.
- ❏ vor Gruppen oder mehreren Menschen etwas präsentieren oder vorführen.
- ❏ vor Gruppen oder einem Publikum Theater spielen oder mich pantomimisch darstellen.
- ❏ vor Gruppen singen.
- ❏ genau hören, z. B. Geräusche unterscheiden.
- ❏ ein Instrument spielen.
- ❏ in Gruppen diskutieren.
- ❏ in Diskussionsrunden Regeln einhalten.
- ❏ mit echtem Teamgeist arbeiten.
- ❏ zwischen zwei Parteien vermitteln oder Konflikte lösen (Pausenstreitereien).
- ❏ mich sprachlich ausdrücken (am Telefon und im direkten Gespräch).
- ❏ mich schriftlich ausdrücken (z. B. Aufsätze, Briefe).
- ❏ Informationen aus Büchern, oder von Arbeitsblättern, wiedergeben oder damit arbeiten.
- ❏ Informationen sammeln aus Interviews oder aus Beobachtungen von Menschen.
- ❏ aus Informationen und Texten wichtige Merkmale und Unterschiede erkennen und nennen (Erörterungen schreiben, Pro und Contra in Diskussionen abwägen).
- ❏ organisieren und Schritt für Schritt etwas planen und dabei alles Wichtige beachten.
- ❏ entscheiden, bewerten, beurteilen oder Tipps für Lösungen geben.
- ❏ mir Details und Einzelheiten merken aus Informationen (z.B. aus Büchern, Texten und Filmen).
- ❏ rechnen und mit Zahlen arbeiten.
- ❏ neue Ideen ausdenken, erfinden, erschaffen.
- ❏ Ich kann gut _____
- ❏ Ich kann gut _____

Adaptiert nach Bolles (2002) »Durchstarten zum Traumjob – Das Workbook«. Frankfurt/New York: Campus.

Konsequenzen aus dem Fähigkeiten-TÜV

Anhand dieser Liste sollen die Schüler sich nur mit ihren Stärken befassen. In Verbindung mit dem StuFi betreiben sie eine systematische Stärkenanalyse und sollen positive Konsequenzen daraus ziehen. Diesen Prozess können Sie mit solchen und ähnlichen Hinweisen begleiten:

In dieser Liste siehst du …

In Gesprächsgruppen tauschen die Schülerinnen und Schüler sich über ihre »TÜV-Ergebnisse« aus und beraten sich gegenseitig, wie sie diese Stärken für die nächste Prüfungsvorbereitung einsetzen können.

Arbeitsstil-Profil

Eine sehr gute Ergänzung zur Arbeit mit dem Fähigkeiten-TÜV bietet das Ermitteln des Arbeitsstil-Profils. Denn erst darin zeigt sich, wie jemand seine Stärken nutzt und seine Fähigkeiten einsetzt. Durch das eigene Arbeitsstil-Profil bekommen die Fähigkeiten eine ganz besondere Note und eigene Qualität.

Zur Begriffsklärung sollte die Liste vorher mit der Klasse besprochen werden. Schwierige oder unklare Merkmale könnten auch von vornherein ausgeklammert werden. Es sind bewusst eine Reihe ähnlicher Merkmale aufgelistet, um sie Ausprägung bestimmter Tendenzen leichter erkennen zu können.

Die Auswertung gewinnt an Gewicht, wenn die Selbsteinschätzung durch eine Fremdeinschätzung (Lehrer, Eltern, Vertrauensperson) ergänzt wird. Diese könnte auf einem eigenen Blatt erfolgen oder (besser) auf dem ausgefüllten Blatt im Anschluss an die Selbsteinschätzung.

Auch wenn bei dieser Auswertung ausdrücklich nur die Stärken ins Blickfeld gerückt werden, so treten dabei trotzdem durch »Fehlanzeige« bei einigen Eigenschaften die Schwächen in Erscheinung. Auch dazu sollte es in geeigneter Weise Feedback geben.

KV 20:
Profil-Check:
Arbeitsstil

85 f.

»Der, der ich bin,
grüßt trauernd den,
der ich sein möchte.«

Karl Rahner

20 | Profil-Check: Arbeitsstil

Arbeitsstil-Profil von _____

Das Arbeitsstil-Profil zeigt, wie jemand seine liebsten Fähigkeiten einsetzt.

Kreuze die Eigenschaften von A bis Z nach folgendem Schlüssel an:

☐☐☐ kein Kästchen angekreuzt: = Eigenschaft fehlt
☒☐☐ ein Kästchen angekreuzt: = Eigenschaft kaum vorhanden
☒☒☐ zwei Kästchen angekreuzt: = Eigenschaft gut zu erkennen
☒☒☒ drei Kästchen angekreuzt: = Eigenschaft sehr stark ausgeprägt

Selbsteinschätzung		Fremdeinschätzung
☐☐☐	abenteuerlustig	☐☐☐
☐☐☐	aktiv	☐☐☐
☐☐☐	aufgeschlossen	☐☐☐
☐☐☐	außergewöhnlich	☐☐☐
☐☐☐	ausdauernd, zäh	☐☐☐
☐☐☐	diskret, vertraulich	☐☐☐
☐☐☐	dynamisch	☐☐☐
☐☐☐	temperamentvoll	☐☐☐
☐☐☐	entschlussfreudig	☐☐☐
☐☐☐	flexibel, wandlungsfähig	☐☐☐
☐☐☐	auffassungsschnell	☐☐☐
☐☐☐	freundlich	☐☐☐
☐☐☐	geduldig	☐☐☐
☐☐☐	genau	☐☐☐
☐☐☐	geschickt	☐☐☐
☐☐☐	gründlich	☐☐☐
☐☐☐	gut gelaunt	☐☐☐
☐☐☐	hilfsbereit	☐☐☐
☐☐☐	impulsiv	☐☐☐
☐☐☐	kontaktfreudig	☐☐☐
☐☐☐	kooperativ	☐☐☐
☐☐☐	kreativ	☐☐☐
☐☐☐	menschlich, herzlich	☐☐☐

20 | Profil-Check: Arbeitsstil

Selbsteinschätzung		Fremdeinschätzung

☐☐☐ .... mitreißend .... ☐☐☐

☐☐☐ .... mutig .... ☐☐☐

☐☐☐ .... offen .... ☐☐☐

☐☐☐ .... praktisch .... ☐☐☐

☐☐☐ .... pünktlich .... ☐☐☐

☐☐☐ .... diplomatisch .... ☐☐☐

☐☐☐ .... taktisch-klug .... ☐☐☐

☐☐☐ .... realistisch .... ☐☐☐

☐☐☐ .... ruhig .... ☐☐☐

☐☐☐ .... scharfsinnig, intelligent .... ☐☐☐

☐☐☐ .... selbstbewusst .... ☐☐☐

☐☐☐ .... selbstständig .... ☐☐☐

☐☐☐ .... sensibel .... ☐☐☐

☐☐☐ .... sicherheitsbewusst .... ☐☐☐

☐☐☐ .... sorgfältig .... ☐☐☐

☐☐☐ .... standhaft .... ☐☐☐

☐☐☐ .... stark .... ☐☐☐

☐☐☐ .... taktvoll .... ☐☐☐

☐☐☐ .... überlegt .... ☐☐☐

☐☐☐ .... unterstützend .... ☐☐☐

☐☐☐ .... verlässlich .... ☐☐☐

☐☐☐ .... verständnisvoll .... ☐☐☐

☐☐☐ .... vielseitig .... ☐☐☐

☐☐☐ .... vorausschauend .... ☐☐☐

☐☐☐ .... vorsichtig .... ☐☐☐

☐☐☐ .... willensstark .... ☐☐☐

☐☐☐ .... zielstrebig .... ☐☐☐

Nachträge

☐☐☐ .... ☐☐☐ .... ☐☐☐

☐☐☐ .... ☐☐☐ .... ☐☐☐

☐☐☐ .... ☐☐☐ .... ☐☐☐

Um das Arbeitsstil-Profil besonders gut erkennen zu können, werden die zehn stärksten Merkmale in die StuFi-Liste übertragen. Gibt es keine zehn Eigenschaften mit drei Kreuzchen, wird aus denen mit zwei oder einem Kreuzchen nachgebessert. Haben mehr als zehn Eigenschaften drei Kreuzchen bekommen, werden davon nur die zehn wichtigsten übertragen.

Die Qual der Wahl | 2.4

»Qual der Wahl« heißt nicht, zwischen den Folterwerkzeugen auswählen zu können, die für mich bereitgelegt werden. Auch wenn manche Schülerinnen und Schüler einen Arbeitsauftrag mit Wahlmöglichkeiten so empfinden mögen, bietet ein solches Verfahren jedem eine Gelegenheit zur Reflexion über seine Lernvorlieben in einer weiteren Nuance.

Bei der folgenden Übung stehen vier Texte und verschiedene Bearbeitungsaufträge zur Auswahl: zwei verschiedene Gedichte, ein Märchen und ein Sachtext. Um bei der Bearbeitung die Atmosphäre einer bevorstehenden Prüfung zu verstärken, soll eine relativ enge Zeitvorgabe gesetzt werden (z. B. 15 Minuten).

Arbeitsauftrag für die Gedichte

Wer sich mit den Gedichten befassen möchte, soll eines der beiden Gedichte auswählen und dieses entweder auswendig lernen oder eine Gedichtinterpretation verfassen.

89 KV 21: Gedichte

Arbeitsauftrag für das Märchen oder den Sachtext

Wer sich für das Märchen entscheidet, soll sich so damit befassen, dass er es frei nacherzählen kann. Dabei ist ein Spickzettel ausdrücklich erlaubt.

Wer den Sachtext in Betracht zieht, soll schriftlich eine kurze Inhaltsangabe verfassen und später vorlesen.

90 KV 22: Märchen

91 KV 23: Sachtext

Präsentationsrunde

Die Schülerinnen und Schüler präsentieren nun ihre Ergebnisse. Möglichst jeder der angebotenen Arbeitsaufträge sollte wenigstens einmal vertreten sein. Die Auswahl der Kandidaten soll/kann nach dem Zufallsprinzip erfolgen. Das Zufallsprinzip schafft in der Vorbereitungsphase Ernsthaftigkeit und Verbindlichkeit. Jeder kann zur Prüfung ausgewählt werden. Bei der Bewertung der Präsentation hat der Applaus die Oberhand.

Frage- und Auswertungsrunde

Nach der Präsentationsrunde diskutieren die Schülerinnen und Schüler, weshalb sie welchen Arbeitsauftrag ausgewählt haben und wie sie vorgegangen sind.
- Warum haben sie eine Aufgabe als schwer empfunden, die andere als leicht bezeichnen?
- Wen hat die Zeitvorgabe unter Druck gesetzt? Für wen war sie vielleicht sogar ein Motivationsförderer?

- Wie sind die Schülerinnen und Schüler vorgegangen?
- Welche Vorgehensweisen zur Lösung der Aufgabe wurden von den Schülerinnen und Schülern gewählt?
- Welche Fähigkeiten und Eigenschaften des Lernenden sind wichtig, damit er diese Aufgabe lösen kann?

Der Lehrer sollte die Beiträge der Diskussion in einem Informationsnetz sammeln und visualisieren.

Beispiel für ein Informationsnetz zum Thema

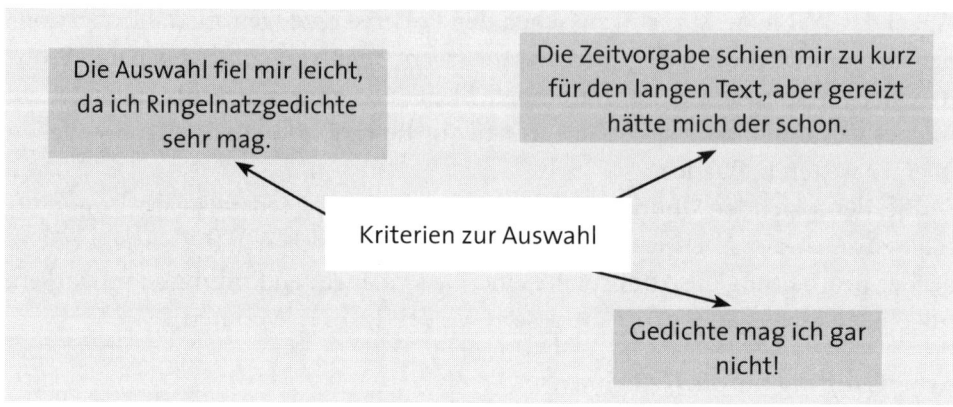

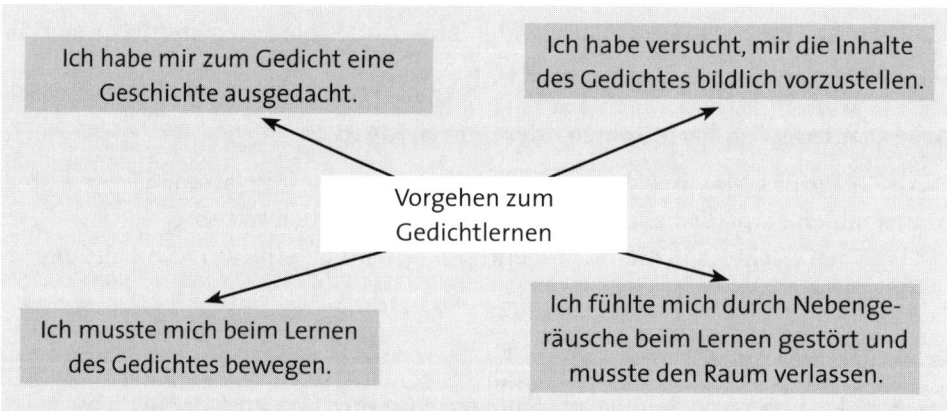

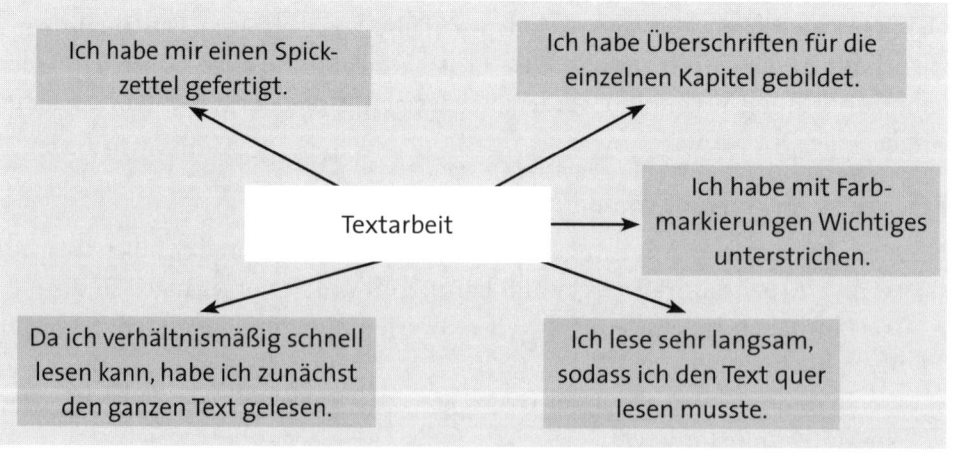

21 | Gedichte

Die Ameisen

In Hamburg lebten zwei Ameisen,
die wollten nach Australien reisen.
Bei Altona auf der Chaussee,
da taten ihnen die Beine weh,
und da verzichteten sie weise
dann auf den letzten Teil der Reise.

Joachim Ringelnatz

*Ringelnatz, Joachim (2005): Die Ameisen.
In: Ringelnatz, J./Hauptmann, T.: Das große
Ringelnatz-Buch. Die schönsten Gedichte und
Geschichten. Zürich: Diogenes.*

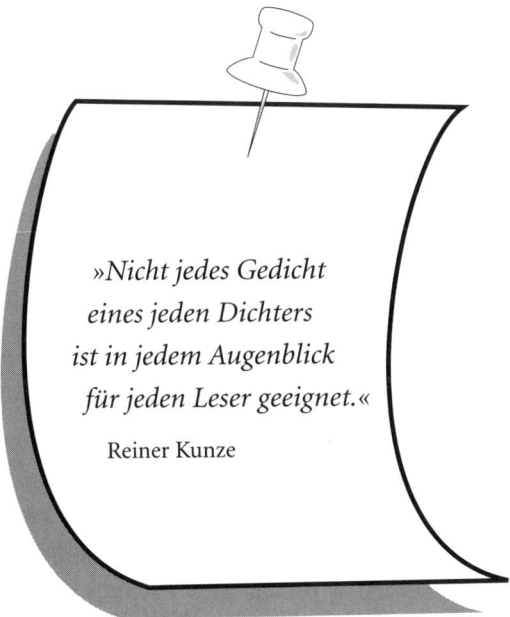

»*Nicht jedes Gedicht
eines jeden Dichters
ist in jedem Augenblick
für jeden Leser geeignet.*«

Reiner Kunze

Es ist was es ist

Es ist Unsinn
sagt die Vernunft.
Es ist was es ist
sagt die Liebe.
Es ist Unglück
sagt die Berechnung.
Es ist nichts als Schmerz
sagt die Angst.
Es ist aussichtslos
sagt die Einsicht.
Es ist was es ist
sagt die Liebe.
Es ist lächerlich
sagt der Stolz.
Es ist leichtsinnig
sagt die Vorsicht.
Es ist unmöglich
sagt die Erfahrung.
Es ist was es ist
sagt die Liebe.

Erich Fried

*Erich Fried. Aus: Was es ist. Es ist was es ist.
© Verlag Klaus Wagenbach, Berlin 1983*

22 | Märchen

Das Märchen von der Hexe Eisennase

Die Hexe Eisennase lebte im Wald, aber nicht in einem Pfefferkuchenhaus, sondern in einer steinernen, über und über mit Moos bewachsenen Höhle. Ein missgünstiger Zauberer hatte ihr einst eine Nase aus Eisen angehext. Darüber war sie erst sehr traurig, später aber freute sie sich, weil diese Nase sehr praktisch war. Wie oft die Leute aus den Dörfern rund um ihre Höhle sie auch fingen und verprügelten, weil sie glaubten, eine Hexe müsse in jedem Fall böse sein, ihrer Nase konnte das nichts anhaben. So lebte sie arm, aber nicht unglücklich, bis sie eines Tages merkte, dass sie mit dieser Nase nicht riechen konnte.

Denn es waren drei Kinder in den Wald gekommen, zwei Jungen und ein Mädchen, und die konnten ganz wunderbar riechen, schnupperten an jeder Blume und jedem Grashalm und freuten sich an der Natur. Da wurde die Hexe Eisennase sehr traurig und suchte den Zauberer auf, dem sie die eiserne Nase zu verdanken hatte. Händeringend fiel sie vor ihm auf die Knie und schwor, alles für ihn zu tun, wenn er ihr nur ihre alte Nase wiedergab, die aus Fleisch und Blut war. Der Zauberer war nicht abgeneigt, verlangte aber von ihr, dass sie ihm zuvor zwanzig Jahre lange die Hütte sauber halten musste, kehrte und wischte und auch noch für ihn kochte. Erst dann wollte er ihr ihre alte Nase wiedergeben. Sie war einverstanden, und tatsächlich, kaum waren die zwanzig Jahre um, erhielt sie ihre Nase aus Fleisch und Blut zurück.

Froh, endlich wieder riechen zu können, lief sie durch den Wald und verliebte sich in jede duftende Blume, bis sie von den Dörflern entdeckt und gefangen wurde. Und – bums! – gab's etwas auf die Nase. Und nun blutete die wieder und schmerzte und die arme Hexe lief zurück zum Zauberer und wollte nun doch die eiserne Nase zurückhaben. Dafür musste sie ihm erneut zwanzig Jahre zu Diensten sein, erst dann bekam sie die Nase aus Eisen zurück.

Doch nun konnte sie wieder nichts riechen, keine Blume und nicht den Duft des Waldes, und das machte sie trauriger als zuvor, und fortan überlegte sie ihr ganzes unglückliches Leben lang, welche Nase die bessere war.

aus: Kordon, K. (2007): Julians Bruder. Weinheim/Basel: Beltz & Gelberg.

> »*Wer sich selbst nicht riechen kann,*
> *der stinkt auch anderen.*«
> Franz Alt

23 | Sachtext

Island startet durch

In 2,5 Sekunden von 0 auf 100 km/h: Die Katapultachterbahn *Megacoaster* ist die neue Attraktion im »Europa Park« in Rust bei Freiburg. Der Megacoaster rast in spektakulären Fahrfiguren vorbei an schroffen Felsformationen durch den neuen Themenbereich *Island*. Auf einer Strecke von über 1000 Metern rast der *Megacoaster* durch den neuen Themenbereich *Island* mit seiner zerklüfteten Felslandschaft und einem Küstendorf mit bunten Fischerhäusern.

Island – übrigens das einzige Land in Europa, das keine Eisenbahn besitzt – wurde zum Standort für die neueste Attraktion auserkoren. Der Inselstaat diente als Vorlage für den neuen Themenbereich im Europapark. Auf zwei Hektar Fläche bildet eine wilde Felsenlandschaft die Kulisse für die verwirrenden Stahlrohrformationen des Blue-Fire-Megacoasters. Für die Bahn wurden rund 130 Stützen und 120 Schienensegmente verbaut. Die gesamte Anlage besitzt eine Masse von rund 650 t.

Der *Blue Fire Megacoaster* besitzt drei Züge mit jeweils fünf Wagen für insgesamt 20 Fahrgäste. In jedem Wagen können vier Personen (zwei Reihen à zwei Personen) Platz nehmen. Die Fahrgäste sind während der Fahrt durch Schoßbügel gesichert. Die Züge sind mit einem Tonsystem und Kameras, die die Fahrgäste während der Fahrt aufnehmen, ausgestattet. Außerdem besitzt jeder Sitz einen Pulsmesser mit einem Display, das den aktuellen Puls des Passagiers anzeigt. Jeder Zug hat voll besetzt eine Masse von etwa 10 t.

Der *Megacoaster* bietet in knapp dreieinhalb Minuten Fahrtzeit spektakuläre Fahrfiguren wie den höchsten Looping einer Katapultachterbahn Europas in 35 Metern Höhe und drei 360°-Schrauben.

nach Medienberichten

> »Denn es ist zuletzt doch nur
> der Geist, der jede Technik
> lebendig macht.«
> Johann Wolfgang von Goethe,
> Entwurf einer Farbenlehre

Tabellen und Checklisten sind nützliche Stützen, Sinnzusammenhängendes in passenden Kategorien übersichtlich darzustellen. Wenn das aber, z.B. bei Vokabeln nicht recht gelingen will, könnte statt der (sehr vernünftigen) Zusammenstellung eine andere Kategorienbildung eine Einstiegshilfe sein, sich bereitwillig(er) mit dem Vokabeltraining zu befassen:

Mein Vokabelbarometer

Leichte Vokabeln	Mittelschwere Vokabeln	Sehr schwere Vokabeln

Oder die Wörter würden nach diesem Muster eingetragen, um zu untersuchen, mit welchen es die größeren Schwierigkeiten gibt:

Sehr kurze Wörter	Mittelmäßig lange Wörter	Sehr lange Wörter

Präsentationsforum

Eine Präsentation braucht nicht immer ein großes Publikum. Das Präsentationsforum ist ein »Marktplatz«, mit mehreren Marktständen. Ähnlich wie beim Stationenlernen, bieten mehrere Kleingruppen ihr Programm parallel an. Nach einer angemessenen Vorbereitungsphase stellen die Präsentatoren sich vor einer Kleingruppe einer mündlichen Prüfung. Da diese Aufgabe zeitgleich erledigt wird, bietet sie eine stressfreie Trainingsmöglichkeit als die Präsentation im Plenum.

»Schließlich erreicht jeder Mensch jedes Ziel.
Er muss es nur genügend weit zurück stecken.«
Hans Söhnker

In welchen Schwierigkeitsgrad stufen Sie die folgende Aufgabe für eine sechste Klasse ein?

Welcher Tag wäre morgen in zwei Tagen, wenn gestern vor drei Tagen Donnerstag war?

Ohne Skizze könnten die meisten diese Aufgabe kaum lösen. Nicht nur im Mathematikunterricht sind Skizzen ein Schlüssel für schwierige Aufgaben.

4	3	2	1	G	H	M	1	2	3	4

An diesem Zeitstrahl lässt sich das Ergebnis sehr einfach ablesen. Allerdings heißt es aufpassen, dass beim Abzählen das H für Heute nicht übersehen wird:

4	3	2	1	G	H	M	1	2	3	4
	DO	FR	SA	SO	MO	DI	MI	DO		

Mit einer solchen Skizze vor sich, sind die folgenden Aufgaben nur noch eine kleine Konzentrationsübung:

Welcher Tag wäre morgen in vier Tagen, wenn gestern vor zwei Tagen Mittwoch war?

Welcher Tag war gestern vor zwei Tagen, wenn morgen in drei Tagen Sonntag wäre?

Welcher Tag war vorgestern vor drei Tagen, wenn übermorgen Dienstag wäre?
Nach diesem Muster könnten die Schülerinnen und Schüler eigene Aufgaben erstellen und sich gegenseitig testen. Die fremdartig klingenden »schwierigen« Aufgaben können sicher schon bald als »ganz einfach« eingestuft werden.

Vor allem als kompliziert empfundene Textaufgaben verlangen eher Lesefertigkeit als Rechenfertigkeit.

3 Zeitmanagement

Lehrer und Schüler haben gemeinsam einen Plan

3.1 Zeitdruck als Erfolgsfaktor

Wer mit der Methode »auf den letzten Drücker« einigermaßen Erfolg hat, ist nur schwer davon abzubringen. Und doch bedeutet dieses »Erfolgsmodell« Stress für (fast) alle Beteiligten. Ganz abgesehen davon, dass unter extremem Zeitdruck die Fehlerquote zunimmt und das Gehirn eine erhebliche Mehrarbeit leisten muss. Der 4-Tage-Plan aus der »Endres-Lernmethodik« verspricht hier eine lernökonomische Alternative.

Der erste Tag (also noch vier Tage bis zur Klassenarbeit)

Auch bei Klassenarbeiten gilt die alte Fußballweisheit: »Nach dem Spiel ist vor dem Spiel.« Deshalb wird die nächste Klassenarbeit idealerweise in jeder Unterrichtsstunde ein kleines Stück vorbereitet. Da das aber eher nur eine Wunschvorstellung auf Lehrerseite ist, ist der Versuch mit dem 4-Tage-Plan ein Kompromissvorschlag: Danach ist es ein guter Zeitpunkt, vier Tage vor einer »gewöhnlichen« Klassenarbeit mit den speziellen Vorbereitungen zu beginnen. An diesem Tag verschafft sich jede Schülerin beziehungsweise jeder Schüler einen Überblick, worum es in der nächsten Arbeit geht oder gehen könnte. Diese Punkte werden als Stichwörter in einer Agenda aufgelistet. Die Stichpunkte sollen möglichst konkret in kleinere Arbeitsschritte aufgeteilt werden. Also z. B. nicht alle Vokabeln der Units 13 bis 17, sondern Unit 13a, Unit 13b, Unit 14 etc.

KV 24: 95
Agenda

Hinter jedem Stichwort wird dann eine kurze Notiz vermerkt, wo es Unterlagen und Informationen zu diesem Thema gibt: In welchem Buch auf welcher Seite? Wo im Hausheft oder in welchen Notizen? Auf welcher Internetseite oder bei welcher Person?

Wichtig ist dabei, dass in dieser Agenda auch ein paar Stichpunkte aufgelistet werden, bei denen man mit gutem Gefühl die Rubrik »kann ich gut« ankreuzen kann. Bekäme kein einziger Punkt diese Bewertung, wäre die Liste nicht sehr einladend und motivierend. Mit dem Erstellen dieses Plans wäre die Aufgabe für den ersten Tag erfüllt.

24 | Agenda

		brauche ich nicht mehr wiederholen	✔									
		werde ich noch einmal kurz überfliegen										
		kann ich gut										
		muss ich alleine üben										
		werde ich mit anderen bearbeiten										
		kann ich noch nicht gut										
		werde ich alleine bearbeiten										
		muss ich mir erklären lassen										
		kann ich überhaupt noch nicht										
Lfd. Nr.	Thema Stichwort	Quellen / Wo und bei wem finde ich Infos und Unterlagen? (Buch, Heft, Internet, Lernpartner/in)										

Der zweite Tag (also noch drei Tage bis zur Klassenarbeit)

Am zweiten Tag markiert man die drei oder vier Stichpunkte, die für die anstehende Prüfung am wichtigsten erscheinen. Die Ziffern vor diesen Stichpunkten werden eingekreist. Ist bei einem dieser Punkte die Bewertung »kann ich überhaupt noch nicht« angekreuzt, muss das Thema an diesem zweiten Tag bearbeitet werden.

Auf jeden Fall sollte man am Ende des zweiten Tages in der Rubrik »Erledigt« das eine oder andere Erfolgshäkchen eintragen können – mit Vergnügen oder zumindest zur Entlastung.

Der dritte Tag (also noch zwei Tage bis zur Klassenarbeit)

An diesem Tag stellt man sich kurz vor, was man aus der Themenliste unbedingt bearbeiten müsste, wenn die Klassenarbeit schon am nächsten Tag geschrieben würde. Und zu diesem ausgewählten Stoffgebiet fertigt man sich einen Spickzettel. Das Anfertigen eines guten Spickzettels ist eine anspruchsvolle Lernarbeit. Und das sind die wichtigsten Merkmale:

Ein guter Spickzettel
- enthält nur Lernstoff, den ich kapiert habe.
- ist nicht total voll geschrieben. Damit ich die Orientierung nicht verliere, gibt es noch freie Zwischenräume.
- ist wie eine Lernlandkarte gestaltet. Zum Teil farbig markiert, die eine Notiz steht hochkant an der Seite, eine andere im runden Bogen in der Ecke unten rechts oder oben links usw.

Als Nächstes stellt man sich vor, welche Fragen in der Klassenarbeit gestellt werden könnten oder wie die Aufgabe konkret heißen könnte. Zum Abschluss des dritten Vorbereitungstages sollte man wieder das eine oder andere Erfolgshäkchen setzen können – in dem Gefühl: Prüfungstermin ist erst übermorgen!

Der vierte Tag (also der letzte Tag vor der Klassenarbeit)

Am Tag vor der Klassenarbeit sollte man nach Möglichkeit nichts Neues mehr lernen. Heute bekommen die meisten Stichpunkte hoffentlich ein Kreuzchen in dem Feld: »kann ich gut …« Das wäre dann der richtige Zeitpunkt, sich kurz mit dem 5-Punkte-Sicherheitsgurt zu befassen.

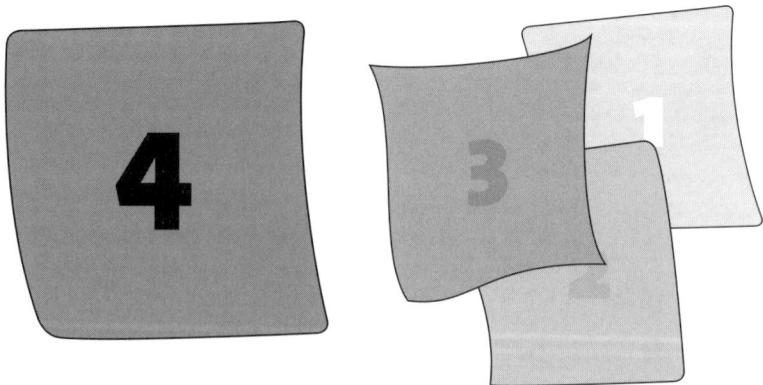

Der 5-Punkte-Sicherheitsgurt

Die häufig anzutreffende Diskrepanz zwischen dem theoretischen Wissen um die Lernmethodik und dem praktischen Anwenden dieses Wissens kann sich die Schülerin beziehungsweise der Schüler in dieser Kopiervorlage in bunten Farben vor Augen führen. In welchen Punkten liegen blaue und rote Kreuzchen auseinander?

    In einer Gruppenarbeit könnten die Schülerinnen und Schüler ihre Gedanken über diese und andere Punkte austauschen und Empfehlungen sammeln, was unmittelbar vor und während einer Klassenarbeit hilfreich ist.

98 KV 25: Der 5-Punkte-Sicherheitsgurt

Gesichter einer Klassenarbeit

Die neutralen Gesichter sollen so ausgemalt werden, dass farbige Gesichter mit zustimmender oder ablehnender Miene entstehen. Wenn der Schüler einzelne Aussagen nicht ernst nimmt, kann sich trotzdem ein gutes Gespräch über das Thema Klassenarbeiten anschließen. Als Feedbackmethode lässt sich die Smiley-Idee auch auf andere Prioritäten- oder Checklisten übertragen.

99 KV 26: Gesichter einer Klassenarbeit

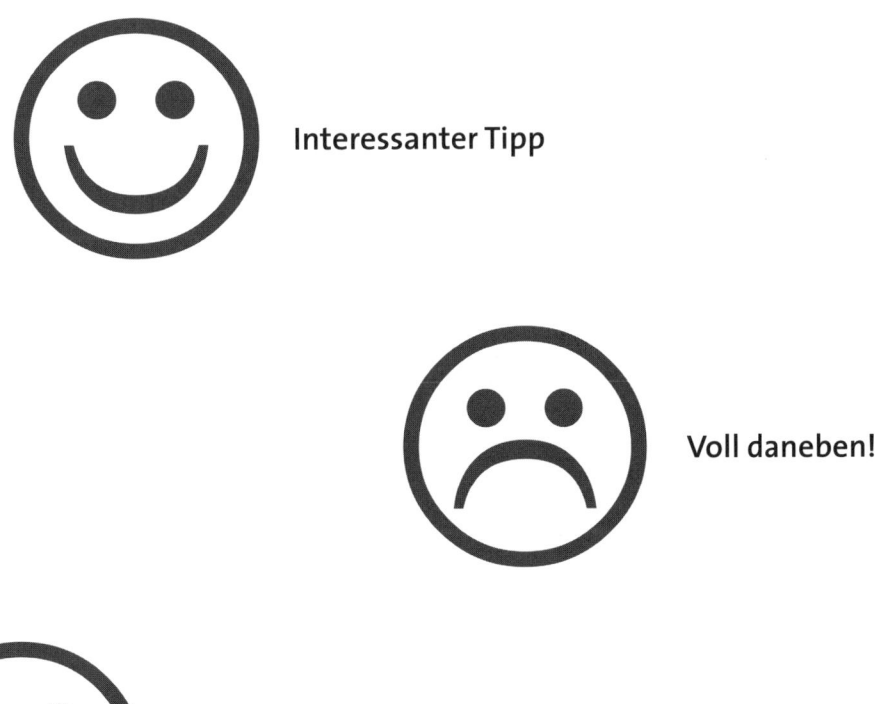

Interessanter Tipp

Voll daneben!

Ich weiß nicht so recht.

25 | Der 5-Punkte-Sicherheitsgurt

Wie stellst du dich unmittelbar vor einer Klassenarbeit am besten auf diese schriftliche Prüfung ein? Wie gehst du in der Klassenarbeit mit den einzelnen Aufgaben ans Werk? Auf diese beiden Fragen findest du sicher selbst eine Antwort.

Zur Ergänzung findest du hier noch ein paar Vorschläge. Um zu prüfen, ob sie auch für dich etwas taugen, gehst du sie zweimal durch:

1. Mit einem blauen Stift: Prüfe kurz, wie sehr oder wie wenig du die Vorschläge beachtest. Trage deine Einschätzung auf jeder Skala ein und markiere eine Ziffer zwischen 1 (= trifft vollkommen zu) und 10 (= trifft überhaupt nicht zu) in blauer Farbe.
2. Mit einem roten Stift: Überlege kurz, wie wichtig oder nützlich dir jeder Vorschlag erscheint und markiere in der zweiten Skala darunter deine Bewertung in Rot.

Ich sage mir auf dem Weg zur Klassenarbeit in Gedanken, dass ich mich gut vorbereitet habe. Ich halte mir bewusst vor Augen, was ich kann. Auch wenn ich nicht alles kann, so weiß ich, dass ich eine Menge kann.

trifft vollkommen zu ─①─②─③─④─⑤─⑥─⑦─⑧─⑨─⑩─ trifft überhaupt nicht zu

äußerst wichtig ─①─②─③─④─⑤─⑥─⑦─⑧─⑨─⑩─ völlig unwichtig

Kurz vor der Arbeit lasse ich mich nicht von Mitschülern verrückt machen, die mir unbedingt erzählen wollen, was sie alles gelernt und vorbereitet haben. Ich will nicht von ihnen hören, was vermutlich drankommt.

trifft vollkommen zu ─①─②─③─④─⑤─⑥─⑦─⑧─⑨─⑩─ trifft überhaupt nicht zu

äußerst wichtig ─①─②─③─④─⑤─⑥─⑦─⑧─⑨─⑩─ völlig unwichtig

Nach dem Start lese ich die Aufgabe erst einmal in Ruhe durch. Ich gerate nicht gleich in Panik, wenn ich etwas Unbekanntes entdecke. Ich vertraue darauf, dass sich die Lage noch klärt, wenn ich den ganzen Überblick habe.

trifft vollkommen zu ─①─②─③─④─⑤─⑥─⑦─⑧─⑨─⑩─ trifft überhaupt nicht zu

äußerst wichtig ─①─②─③─④─⑤─⑥─⑦─⑧─⑨─⑩─ völlig unwichtig

Wenn ich auswählen darf, beginne ich erst einmal mit einer Aufgabe, die ich lösen kann.

trifft vollkommen zu ─①─②─③─④─⑤─⑥─⑦─⑧─⑨─⑩─ trifft überhaupt nicht zu

äußerst wichtig ─①─②─③─④─⑤─⑥─⑦─⑧─⑨─⑩─ völlig unwichtig

Ich lege ab und zu den Schreibstift aus der Hand und mache eine Minipause. Ich schließe kurz die Augen und atme ein- oder zweimal tief durch.

trifft vollkommen zu ─①─②─③─④─⑤─⑥─⑦─⑧─⑨─⑩─ trifft überhaupt nicht zu

äußerst wichtig ─①─②─③─④─⑤─⑥─⑦─⑧─⑨─⑩─ völlig unwichtig

26 | Gesichter einer Klassenarbeit

Gib den farblosen Gesichtern Kontur:

- Interessanter Tipp ☺
- Ich weiß nicht so recht. ☹
- Voll daneben! ☹

	Am besten ist es, kurz vor der Arbeit intensiv zu lernen, denn dann ist alles noch ganz frisch im Gedächtnis.
	Schlaue Köpfe besorgen sich alte Klassenarbeiten von höheren Jahrgangsstufen.
	Es ist sinnvoll, gelegentlich Hausaufgaben unter Zeitdruck zu machen. So kann man sich besser auf eine Klassenarbeit einstellen.
	Man sollte bereits drei Wochen vor der Klassenarbeit mit der Vorbereitung beginnen.
	Es ist sinnvoll, die letzten drei Tage vor der Prüfung an nichts anderes mehr zu denken.
	Man sollte sich möglichst oft in Gedanken vorstellen, dass man eine gute Note schreibt.
	Wer sich schon im Unterricht auf die Klassenarbeit vorbereitet, kann sich daheim viel Arbeit sparen.
	Wer clever ist, nimmt Beruhigungsmittel.
	Gegen Prüfungsangst kann man nichts machen.
	Einen guten Spickzettel anzufertigen ist eine hervorragende Klassenarbeitsvorbereitung.

KV 27:
Zehn Schritte
zum Erfolg

101

Das Angebot ist keine Anleitung, wie man mit ein paar Schritten zum Erfolg kommt. Es sind eher »Zehn Schritte durch die Lernmethodik«. Die Auseinandersetzung mit den einzelnen Anregungen lässt genügend Entscheidungsspielraum, eine persönliche Auswahl zu treffen, am besten wieder mit dem StuFi (StufenFilter).

Die Aussagen zu den einzelnen Schritten können aber auch an Zweier- oder Dreier-Teams verteilt werden. Jedes Team präsentiert eine der Aussagen in einem Kurzvortrag, einer Spielszene oder als Lernplakat. Oder die Überschriften werden auf eine Plakatwand geschrieben, vielleicht noch mit gemalten Füßen ausgestaltet. Die Schülerinnen und Schüler bewerten die zehn Schritte mit Klebepunkten oder Markierungszeichen. Oder sie gestalten mit Schuhen einen Lernweg, auf dem alle einen Lernspaziergang durch das Klassenzimmer machen. Oder oder …

27 | Zehn Schritte zum Erfolg

1. Ohne Plan läuft nichts!	Ein guter Zeitplan muss realistisch sein. Plane zur Sicherheit immer etwas mehr Zeit ein, als du voraussichtlich brauchen wirst.
2. Durch Wiederholen zum Erfolg!	Wiederhole das Gelernte konsequent nach einem Tag. Nach einer Woche mache mal eine Stichprobe und frage dich, was du von diesem Teil noch weißt.
3. Nutze deine Kreativität!	Probiere neue Lerntechniken aus und lass dich überraschen, ob und wie sie wirken. Du machst z. B. einen Lernspaziergang oder baust dir eigene Eselsbrücken.
4. Motivation durch Belohnung!	Wenn du ein Lernziel erreicht hast, dann gönne dir eine angemessene Belohnung.
5. Mehr Ertrag durch Partnerarbeit!	Suche dir eine Lernpartnerin oder einen Lernpartner. Das macht mehr Spaß und bringt oft mehr, als einsam für sich allein zu büffeln.
6. Fragen bringen weiter!	Frage dich bei einer Prüfungsvorbereitung, wie könnten die Fragen in der Arbeit heißen?
7. Erfolg durch Ziele!	Setze dir ein festes Ziel, z. B. dich bei der nächsten Klassenarbeit um eine Note zu verbessern. Auf dem Weg dorthin setzt du dir Teilziele: was willst du dafür tun, z. B. welche Aufgabe in Angriff nehmen?
8. Lernen durch Lehren!	Suche eine Möglichkeit, wie du das, was du für eine Prüfung oder Klassenarbeit gelernt hast, einem anderen erklären kannst.
9. Die beste Lernzeit finden!	Ich habe eine feste Lernzeit, das ist meine beste Lernzeit. Ich überprüfe, wann ich besonders gut lernen kann und versuche, mich regelmäßig an diese Zeit zu halten.
10. Den Lernstoff mögen!	Je besser mir eine Aufgabe gefällt, je mehr ich das Stoffgebiet mag, desto leichter fällt mir die Arbeit, desto besser gelingt sie. So gesehen würde ich mich am liebsten in den Lernstoff verlieben.

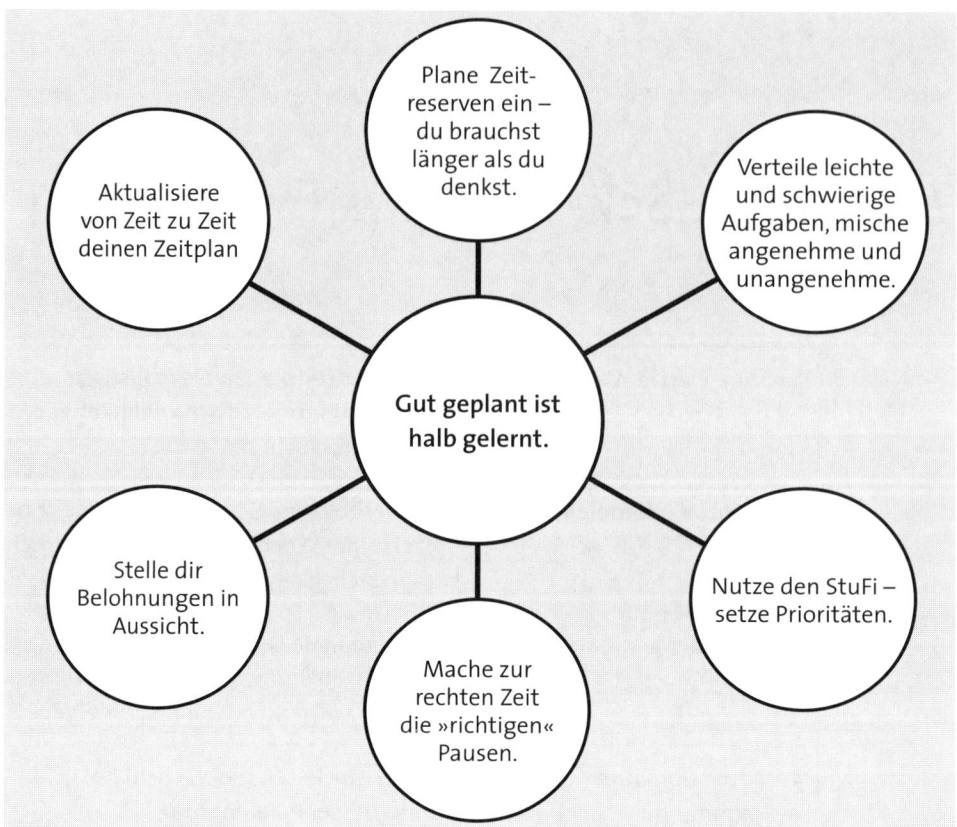

Erfolgserlebnis mit Zeitplan

Eine gute Prüfungsvorbereitung ist mit einem guten Zeitplan verknüpft. Ein guter Zeitplan muss realistisch sein. Und weil der Plan in die Zukunft zeigt, muss ich mir auch Raum für Unvorhergesehenes einräumen. Wer ohne Zeitreserven plant, hat den Prüfungsstress schon gleich mitprogrammiert.

Ein guter Zeitplan muss motivierend wirken. Deshalb müssen die Aufgaben klar und übersichtlich erscheinen, und die Ziele müssen als erreichbar eingeschätzt werden.

Wer sich auf eine Prüfung vorbereitet, hat trotzdem noch andere Aufgaben und Verpflichtungen »um die Ohren«. Andere Unterrichtsfächer dürfen während einer Klassenarbeitsvorbereitung nicht völlig vernachlässigt werden. Es können und sollen auch nicht alle anderen Termine einfach abgesagt werden. Trotzdem gilt es zu prüfen, auf welche Jobs und Nebenjobs ich in dieser Zeit zum Teil oder sogar komplett verzichten kann und muss.

Das Erfolgserlebnis mit einem Zeitplan stellt sich aber erst dann ein, wenn man ihn auch einhält. Und je früher ich mein Soll erreicht habe, desto größer die Freude. Umgekehrt ist es meist enttäuschend und mit Verdruss verbunden, wenn ich eine Aufgabe in der geplanten Zeit nicht erledigt habe. Deshalb ist es sehr sinnvoll, schon gleich ein Zeitpolster einzuplanen.

Je enger mich der Zeitplan in die Pflicht nimmt, umso wichtiger ist es, Freiräume zu schaffen. Das schaffe ich nur durch gezieltes systematisches Vorgehen, durch Reduzieren und Weglassen.

> »Die Kunst der Weisheit
> besteht darin,
> zu wissen, was man
> übersehen muss.«
> William James

Wo die Zeitdiebe hausen

Wichtige Aufgaben bleiben oft liegen, weil sie noch nicht so dringend sind. Dringende oder scheinbar dringende Aufgaben sind oft raffinierte Zeitdiebe. Sie stehlen einem die Zeit mit dem Argument, dass es eilt. Und wer es extrem eilig hat, merkt oft gar nicht mehr, wie unwichtig die Sache ist, die ihn so antreibt. Um diese Zeitdiebe packen zu können, muss man sie erst einmal erwischen. Man muss wissen, in welcher Gegend sie sich besonders gern und häufig aufhalten. Dafür gibt es ein bewährtes Fahndungsraster. In einem ersten Durchgang werden alle anstehenden Aufgaben stichpunktartig in ein (vermeintlich) zutreffendes Feld eingetragen:

- Top 1 = Aufgaben, die ich als leicht empfinde und die ich gerne erledige
- Top 2 = Aufgaben, die ich als schwer empfinde und die ich gerne erledige
- Flop 1 = Aufgaben, die ich als leicht empfinde, aber nicht gerne erledige
- Flop 2 = Aufgaben, die ich als schwer empfinde und auch nicht gerne erledige

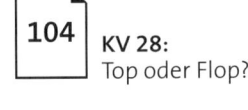

104 KV 28:
Top oder Flop?

In einem zweiten Durchgang werden die Top- und Flop-Aufgaben nach Dringlichkeit und Wichtigkeit untersucht. Dazu tragen die Schülerinnen und Schüler (das Rasterfeld ist aber auch ganz nützlich für die Aufgaben, die Sie als Lehrerin oder Lehrer zu bearbeiten haben …) in das Kästchen hinter jeder Aufgabe den entsprechenden Buchstaben:

A = Wichtig und dringend, also A wie »An die Arbeit!«

B = Wichtig und hat Zeit, also B wie »Bitte bald!«

C = Unwichtig und dringend, also C wie »Change it!«,
d.h. wie kann ich Wichtigkeit oder Dringlichkeit ändern?

D = Unwichtig und hat Zeit, also D wie »Danke nein!«,
d.h. lass' es andere machen – oder lass es gleich ganz!

Zur Auswertung

Die Aufgaben der Stufe A haben oberste Priorität, ganz gleich, ob sie in einem Top- oder Flop-Feld stehen. Aber wahrscheinlich ist es schon eine Arbeitshilfe, sich die Aufgaben der Reihe nach vornehmen zu können:

- von gern und leicht zu gern und schwer, dann über ungern und leicht bis schließlich schweren Herzens zu der unangenehmsten Form: ungern und schwer – wenn es halt eine Stufe-A-Aufgabe ist …

In dieser Reihenfolge kommen die Aufgaben der Stufe B dran. Bei dringenden, aber unwichtigen Aufgaben der Stufe C sollte man unbedingt prüfen, in welches andere Feld sie wechseln können – vielleicht gleich in Feld D? Hier hausen ja die dicksten Zeitdiebe. Wer sich während einer Prüfungsvorbereitung in diesem Feld D zu Hause fühlt, sollte möglichst bald nach A oder B umziehen.

> »Würden wir auf nichts anderes sehen als auf den Weg, so wären wir bald am Ziel.«
> Teresa von Ávila,
> Weg der Vollkommenheit

28 | Top oder Flop?

	Leicht	Schwer
Gern	Top 1 _____ ❑ _____ ❑ _____ ❑ _____ ❑ _____ ❑ _____ ❑ _____ ❑ _____ ❑	Top 2 _____ ❑ _____ ❑ _____ ❑ _____ ❑ _____ ❑ _____ ❑ _____ ❑ _____ ❑
Nicht gern	Flop 1 _____ ❑ _____ ❑ _____ ❑ _____ ❑ _____ ❑ _____ ❑ _____ ❑ _____ ❑	Flop 2 _____ ❑ _____ ❑ _____ ❑ _____ ❑ _____ ❑ _____ ❑ _____ ❑ _____ ❑

	Dringend	Hat Zeit
Wichtig	A = An die Arbeit!	B = Bitte bald!
Unwichtig	C = Change it!	D = Danke nein!

Um seinen Zeit- und Arbeitsplan zu optimieren, geht man am besten auch den Fragen nach, die sich mit den Rahmenbedingungen befassen:

- Unter welchen Bedingungen erreiche ich meine Lernziele am besten und am schnellsten?
- Welche Dinge hindern mich, meine Arbeit gut zu machen?
- Welche Arbeitsbedingungen empfinde ich als unangenehm?
- Ist die Kontrolle durch Eltern und/oder Lehrer eine Unterstützung für mich?
- Wann lerne ich am liebsten und wann am besten?
- Welche Aufgaben bearbeite ich lieber allein und welche lieber im Team?
- Wie sieht ein idealer Arbeitsplatz für mich aus? (Ordnung, Gestaltung, Verschönerung)

Vielleicht ist es bei diesem Thema leichter, erst einmal die Störquellen aufzustöbern und diese dann gezielt abstellen zu können. Wer einen Störfaktor als Motivationskiller erkennt, kann ihn leichter bekämpfen. Um zu ermitteln, wer oder was am meisten stört, könnte der **StuFi** (**StufenFilter**) wieder gute Dienste tun. Ein Vorschlag für die Themenliste:

Meine größten Störfaktoren	
A.	zu laute Umgebung
B.	schlechte Luft
C.	Müdigkeit
D.	Lustlosigkeit
E.	Handy
F.	zu starke Kontrolle
G.	Fernseher
H.	uninteressantes Stoffgebiet
I.	Aufgabe nicht verstanden
K.	Computerspiele

Bei diesem StuFi-Durchgang werden Punkt für Punkt zwei Störenfriede miteinander verglichen und der größere oder heftigere wird eingekreist. So landet mein größter Störfaktor am Ende auf Platz 1.

 **27** KV 8: StuFi

Das Ziel dieser Aufgabe ist es aber, seine besten Arbeitsbedingungen herauszufiltern. Deshalb ist es mit dem Auflisten der Störfaktoren nicht getan. Die Frage ist, wie kann ich mir Arbeitsbedingungen schaffen, in denen meine stärksten Störenfriede keine Chance haben?

Wenn also einer meiner größten Störfaktoren »Müdigkeit« heißen würde, müsste eine daraus abgeleitete ideale Arbeitsbedingung heißen: Ich kann gut lernen, wenn ich ausgeruht und ausgeschlafen bin. Wäre einer meiner größten Störfaktoren eine zu starke Kontrolle, könnte mein Korrekturhinweis lauten: Ich arbeite besser, wenn ich über meine Zeiteinteilung selbst bestimmen kann.

Gut ist oft besser als perfekt

Wer immer alles perfekt machen will, wird dieses Ziel sehr häufig nicht erreichen. Wer immer alles perfekt machen will, verzettelt sich oft im Kleinkram. Vor diesem Hintergrund ist es lohnend, Effektivität und Effizienz zu unterscheiden:

- **Effizienz** heißt, etwas richtig zu machen.
- **Effektivität** bedeutet, das Richtige zu tun.

Deshalb ist es meist besser, effektiv zu arbeiten als nur effizient. Es ist wichtiger, das Richtige zu tun, als immer alles richtig zu machen. Die ideale Kombination heißt natürlich effektiv plus effizient.

Aus Fehlern lernen

KV 29: Klassenarbeit im Rückblick und Ausblick **107**

Werden die korrigierten Klassenarbeiten zurückgegeben, interessieren sich viele Schülerinnen und Schüler nur für die Note. Inhaltlich wollen sie mit der Arbeit kaum noch etwas zu tun haben. Mit einer Reflexion über ihre Arbeitsweise richten sie ihr Augenmerk vielleicht bereitwilliger noch einmal auf die Korrekturhinweise.

Wer aus seinen Rückschlüssen für die nächste Arbeit die wichtigsten Vorhaben herausfiltern will, könnte auch für diese Aufgabe den StuFi (StufenFilter) einsetzen.

	Themenliste
A	Vorbereitung im Team
B	Früher beginnen
C	Rechtzeitig aufhören
D	Spickzettel anfertigen
E	Nachhilfe suchen
F	Vokabeln wiederholen
G	Probearbeit schreiben
H	Prioritätenliste erstellen
I	Äußere Form verbessern
K	Prüfungsfragen sammeln

29 | Klassenarbeit im Rückblick und Ausblick

Du kennst die Note deiner letzten Klassenarbeit. Schau dir die Arbeit aber noch einmal genauer an. Dann kannst du noch viel mehr daraus verwerten. Du siehst, was dir nicht gelungen ist, wo du Fehler gemacht hast, du findest aber auch, was du gut gemacht hast. Betrachte die Klassenarbeit und deine Arbeitsweise noch einmal im Rückspiegel. Deine Erkenntnisse kannst du sicher für die nächste Arbeit nutzen.

++ trifft voll und ganz zu

+ trifft teilweise zu

– trifft eher nicht zu

–– trifft überhaupt nicht zu

Meine Klassenarbeit im »Rückspiegel«	
	Ich bin mit dem Ergebnis sehr zufrieden.
	Ich war während der Arbeit sehr aufgeregt.
	Die Zeit hat mir gut ausgereicht.
	Ich habe mir die Zeit falsch eingeteilt.
	Ich war konzentriert bei der Sache.
	Die Aufgaben habe ich in einer passenden Reihenfolge erledigt.
	Die Fehler führe ich auf mein fehlendes Wissen zurück.
	Ich habe die Aufgabe anders verstanden.
	Mit der Vorbereitung habe ich schon vor vier Tagen begonnen.
	Ein Spickzettel wäre mir eine große Hilfe gewesen.

Die nächste Klassenarbeit im »Fernglas«	
	Ich werde vier Tage früher mit der Vorbereitung beginnen.
	Ich werde aufschreiben, was ich an welchem Tag vorbereiten will.
	Ich werde den Lernstoff in Portionen einteilen.
	Ich werde bei den Hausaufgaben auf Zeit trainieren.
	Ich werde mit einer Lernpartnerin oder einem Lernpartner üben.
	Ich werde die Aufgabe erst einmal in Ruhe durchlesen.
	Ich werde mich stärker auf die bekannten Dinge konzentrieren.
	Ich werde vor der nächsten Arbeit länger schlafen.
	Ich werde rechtzeitig mit dem Lernen aufhören.
	Ich werde mir einen guten Spickzettel machen (den ich dann aber nicht mehr brauche!).
	Ich werde ...
	Ich werde ...

Prüfungsangst ist nicht immer leicht zu erkennen. Einige Schülerinnen und Schüler würden nie zugeben, dass sie Angst vor einer Klassenarbeit haben. Dennoch misslingt ihnen manche Arbeit nur aus Versagensangst. Mit der Kopiervorlage »Prüfungsbarometer« könnte dieses heikle Thema behandelt werden. Sie können die Kopiervorlage den Schülerinnen und Schülern aber auch als Anregung »nur für den Hausgebrauch« mitgeben. Eine weiteres Angebot für ein gezieltes Training zu Hause oder auch im Klassenzimmer bietet die Audio-CD.

KV 30: | **109**
Prüfungsbarometer

Klassenarbeiten? Das schaff ich schon!

Ein Trainingsprogramm zum Abbau von Stress und Nervosität (ab 11 Jahre) (Beltz Lern-Trainer, 2005)

Mit dieser Audio-CD können Schülerinnen und Schüler lernen, wie sie mit Stress und Nervosität besser umgehen können. Das Programm besteht aus einer Kombination von Entspannungstraining und mentalem Training. Es wurde in der schulpsychologischen Praxis entwickelt und erprobt. Vielleicht wäre es einen Versuch wert, zum Auftakt einer Klassenarbeit der ganzen Klasse eine solche kurze Übung anzubieten.

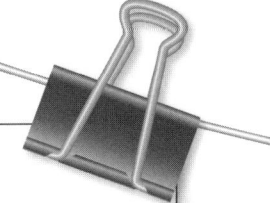

30 Prüfungsbarometer

In welcher Weise treffen die folgenden Aussagen auf dich zu, wenn du an die letzte oder nächste Klassenarbeit denkst? Trage die entsprechenden Plus- oder Minuszeichen in die Kästchen ein:

++ trifft voll und
   ganz zu

 + trifft teilweise
   zu

 − trifft eher
   nicht zu

−− trifft über-
   haupt nicht zu

Prüfungsbarometer	
	Ich weiß oft nicht, was ich überhaupt lernen soll. Ich lese mal hier, mal dort und verzettele mich häufig.
	Ich schiebe die Arbeit gern vor mir her. Am Tag vor der Klassenarbeit fange ich erst richtig an zu lernen.
	Wenn ich nur schon an die Klassenarbeit denke, habe ich schon ein schlechtes Gefühl
	Schon bei der Vorbereitung denke ich dauernd an die Note. Das ist ein Stress, dass ich kaum noch lernen kann.
	Vor einer Klassenarbeit kann ich oft nicht richtig schlafen und habe morgens keinen Appetit aufs Frühstück.
	Kaum bin ich in der Schule, machen die anderen mich nervös mit ihren Fragen und Vermutungen, was alles dran kommt.
	Wenn ich die Aufgabe dann vor mir sehe, suche ich als Erstes nach unbekannten Wörtern oder Dingen, die ich nicht kann.
	Manchmal sitze ich vor einer Aufgabe und weiß genau, dass ich sie gestern noch lösen konnte – jetzt ist alles wie weggeblasen.
	Ich fange mehrere Aufgaben an. Merke ich, dass ich nicht weiterkomme, gebe ich gleich auf und versuche es mit der nächsten.
	Oft befürchte ich schon während der Arbeit, wie ich mich durch meine Ahnungslosigkeit vor der Lehrerin oder dem Lehrer blamiere.
	Nach der Klassenarbeit bin ich immer fix und fertig. Ich gebe das Heft ab und ahne nichts Gutes.

Über die Hintergründe seiner Prüfungsangst nachzudenken, ist nicht angenehm. Doch wenn du bei der einen oder anderen Aussage mit ++ zugestimmt hast, findest du hier einen Hinweis auf Schwierigkeiten, die dich wohl am meisten plagen. Knöpfe dir ein oder zwei dieser Punkte vor und berate dich mit einem Lerncoach, das kann eine Freundin, ein Freund, deine Mutter oder dein Vater, eine Lehrerin oder ein Lehrer deines Vertrauens sein. Aber vielleicht entdeckst du selbst schon beim näheren Betrachten Möglichkeiten, was du tun kannst, damit dein Prüfungsbarometer wieder stärker »gute Aussichten« anzeigt.

Zuspätkommer-Profile

Chronische Zuspätkommer werden von ihren pünktlichen Mitmenschen meist für unhöflich und undiszipliniert gehalten. Simone Einzmann geht dem Phänomen des »ewigen Zuspätkommens« nach und zusammen mit Diana DeLonzor stellt sie die Unpünktlichen in verschiedenen Profilen dar (vgl. Psychologie heute, 36. Jg., Heft 3, 2009, Seite 70 ff.). Die Betrachtung dieser Profile kann vielleicht Aha-Effekte vermitteln – zur Selbsterkenntnis oder im Blick auf andere Zeitgenossen.

Die Zeit ist zu einer kostbaren Ware geworden, die es zu wahren gilt. Pünktliche Menschen nehmen unpünktliche Zeitgenossen als Zeiträuber wahr. Doch das wird den Unpünktlichen nicht gerecht. Sehr oft steckt sogar ein ausgeprägter Hang nach Perfektionismus hinter dem Zuspätkommen. Die Zeitmanagementexpertin Diana DeLonzor stellt sieben verschiedene Unpünktlichkeitstypen vor.

Der Rationalisierer übernimmt keine Verantwortung für sein Zuspätkommen und macht äußere Umstände für seine Unpünktlichkeit verantwortlich – auch dann, wenn es jeden Tag die gleichen äußeren Umstände sind, wie etwa Stau oder Umleitungen. Er selbst hat aber kein Problem damit und wundert sich höchstens, dass andere das so eng und verkrampft sehen. Sein Rationalisierungstalent hilft ihm, sein Selbstbild zu schützen.

Der Betriebsame ist wie ein Hamster im Laufrad und versucht, jede freie Minute zu nutzen. Unproduktive Zeit ist für ihn verschwendete Zeit. Betriebsame wollen nicht zu früh kommen, sondern exakt pünktlich. So überfrachten sie ihr Tagespensum, sind immer auf dem Sprung und genießen das Gefühl, wichtig zu sein.

Der Hektiker liebt das Dramatische, er liebt den Stress und genießt den Endspurt zur Ziellinie. Er wartet immer bis zur letzten Minute und glaubt, unter Druck am besten zu arbeiten. Mit Hektik und Adrenalin unterdrückt er so manche Angst vor einem unangenehmen Termin.

Der Undisziplinierte geht Unannehmlichkeiten möglichst aus dem Weg. Es fehlt ihm an Selbstkontrolle, er wirkt auf seine Umgebung phlegmatisch und er »zelebriert« seine Lustlosigkeit. Manchmal steckt aber auch ein gesundheitliches Problem (z.B. Glukosemangel) dahinter.

Der Rebell wehrt sich gegen Autoritäten und äußere Zwänge. Mit seinem Zuspätkommen rebelliert er gegen solche »Bevormundungen«. Sein Selbstwertgefühl ist nicht sehr stark ausgeprägt. Wenn er andere warten lassen kann, gibt ihm das ein Gefühl von Ich-Stärke.

Der Zerstreute ist vergesslich und mit seinen Gedanken »immer woanders«. Er wird von seinen Mitmenschen als der »zerstreute Professor« verulkt und scheint auch nicht sonderlich darunter zu leiden. Wenn er seine Termine verbummelt, begegnen die andern ihm oft mit Spott und Ironie, aber auch mit Nachsicht oder Mitleid.

Der Vermeider hat Angst vor dem Versagen. Er hat ein negatives Selbstbild, traut sich nichts zu und geht den Aufgaben so lange wie möglich aus dem Weg. Dabei zögert er oft so lange, bis es zu spät ist, und er zu spät kommt. Statt aus der schlechten Erfahrung zu lernen, wird es beim nächsten Mal eher noch schlimmer.

Zeitmanagement mit Pünktlichkeit 3.5

Wenn es um Zeitmanagement geht, wird Unpünktlichkeit zu einer Belastung. In seiner Auflistung der zehn Merkmale guten Unterrichts nennt Hilbert Meyer an erster Stelle: »Guter Unterricht fängt pünktlich an.« Diesen Punkt der Pünktlichkeit würden Unpünktliche entrüstet weit hinten platzieren.

Pünktliche Menschen unterscheiden sich von unpünktlichen nicht nur in ihrem unterschiedlichen Zeitempfinden, sondern in einer Vielzahl weiterer Persönlichkeitsmerkmale. Besonders deutlich wird ein Zusammenhang zwischen Gewissenhaftigkeit und Pünktlichkeit. In einer Studie weist der Psychologe Mitja Back von der Universität Leipzig nach: Je gewissenhafter jemand ist, desto früher erreichte er einen vereinbarten Treffpunkt. Unpünktliche Menschen haben oft auch mit anderen Disziplinproblemen zu kämpfen. Sie sind impulsiver und tun häufiger unbedachte Dinge, die sie später bereuen.

Unpünktliche haben ein anderes Zeitgefühl. Für sie ist in »einer gefühlten Minute« mehr drin. Sie verschätzen sich in der benötigten Zeit selbst bei Dingen, die sie schon oft gemacht haben. Sie kalkulieren Zeit so knapp ein, dass das Ziel nur unter günstigsten Bedingungen zu erreichen ist – es darf nichts dazwischen kommen. Diana DeLonzor gibt ein paar Tipps für Betroffene:

1. Zwingen Sie sich dazu, zu jeder Verabredung 15 Minuten zu früh zu kommen. (Nach Ihrem Zeitgefühl kommen Sie dann zwar zu früh, tatsächlich aber werden Sie pünktlich sein.)
2. Führen Sie einmal ein kurzes Zeitprotokoll. Achten Sie eine Woche lang bei bestimmten Tätigkeiten darauf, wie lange Sie dafür brauchen – und schreiben Sie die benötigte Zeit auf.
3. Planen Sie im Voraus. Besorgen Sie Dinge, die Sie für den nächsten Tag brauchen, schon am Abend vorher (Kleidung, Arbeitsunterlagen, Tanken).
4. Richten Sie für alles Wichtige feste Plätze ein. Legen Sie Schlüssel, Geldbeutel und Handy immer dort ab – und nur dort.

Und für die Pünktlichen heißt eine Empfehlung, das Zuspätkommen der Unpünktlichen nicht persönlich zu nehmen. Denn die meisten Unpünktlichen sind fast immer zu spät, selbst bei ausgewählten Personen und besonderen Anlässen. Und wenn Sie erwartungsgemäß warten müssen, nutzen Sie die Zeit für sich, statt sich zu ärgern, lesen Sie etwas oder meditieren Sie. Manchmal hilft ein kurzer gedanklicher Abstecher in einen anderen Kulturkreis: In Südamerika z. B. ist jetzt nicht nur eine andere Uhrzeit, sondern da gehen auch die Uhren anders … (Dieser gedankliche Abstecher wird einem auf Pünktlichkeit bedachten Menschen missfallen: »Wir sind nicht in Südamerika!« – Stimmt. Aber der Tipp wäre vielleicht eine Überlegung wert, wie Pünktliche ihre Nerven schonen könnten,

Über Zeitmanagement nachdenken

Gedanke Nr. 1

Wer sein Zeitkonto ständig überzieht, ist bald überschuldet. Eine Aufgabe muss in der Zeit erledigt werden, die dafür zur Verfügung steht. Perfektionisten neigen dazu, mehr Zeit zu investieren, als sie haben. Stehen dann am Ende Zeitaufwand und Ertrag auch noch in einem ungünstigen Verhältnis, ist die Unzufriedenheit mit sich und dem Ergebnis groß. Wer ständig unzufrieden ist über die nicht ausreichende Zeit, kann seine Arbeit nicht wirklich gern machen. Es ist nur eine Frage der Zeit, dass auch die Qualität darunter leidet. Das gilt für Unterrichtsvorbereitung wie für Korrekturarbeiten. Als Gegenmaßnahme hilft nur, seine Aufgaben in der zur Verfügung stehenden Zeit anzupassen und gegebenenfalls zu akzeptieren, dass nicht alles perfekt sein kann und muss. Oft ist richtig gut sogar besser als perfekt.

Gedanke Nr. 2

Vorsicht vor Zeitdieben! Bei einer Internet-Recherche ist man z. B. gut beraten, ein selbst festgelegtes Zeitkontingent einzuhalten. Wollen Sie einmal mit dem StuFi (StufenFilter) Ihren scheinbar arglosen, aber tatsächlich arglistigsten, Zeitdieben auf die Pelle rücken?

Zeitdiebe	
A.	Hopping-Surfen im Internet
B.	Telefon oder Handy
C.	Häufiges Abrufen von SMS oder E-Mails
D.	Sprunghafter Aufgabenmix
E.	Hang zu Perfektionismus
F.	Häufige Suchaktionen (z.B. nach alten Unterrichtsentwürfen)
G.	Ablageberge durch Sammelleidenschaft
H.	Chaos auf dem Schreibtisch
I.	Schwierigkeiten, klare Entscheidungen zu treffen
K.	Andere Verpflichtungen (Nebenjobs, Ehrenämter)

Gedanke Nr. 3

Eine Aufgabe so bald wie möglich erledigen! Für Arbeiten, die verschoben werden müssen, am besten gleich einen definitiven Termin für die Fertigstellung festlegen – vielleicht mit (symbolischer) Konventionalstrafe für den Fall, dass der Termin nicht eingehalten wird.

> »Man muss ein Ziel haben. Man muss den Weg machen – so gut wie möglich. Zum Ziel zu gelangen, das ist natürlich sehr schön, wenn es von Zeit zu Zeit geschieht. Aber man muss eine gute Richtung haben, in der man sich bewegt.«
>
> Yehudi Menuhin, Interview Badische Zeitung, 24.12.1992

Zeitmanagement optimieren

Nehmen Sie die folgenden Verbesserungsvorschläge unter die Lupe und entscheiden Sie in einem ersten Durchgang bitte nur, welche dieser Vorschläge Ihnen sympathisch sind oder als hilfreich erscheinen. Als Nächstes bestätigen Sie, wie sehr Sie diese Empfehlung bereits beachten. Daneben markieren Sie gegebenenfalls, wie stark Sie an diesem Punkt arbeiten möchten. Wenn Sie das in hohem Maße oder durchaus vorhaben, überlegen Sie bitte, was Sie konkret tun werden, um Ihr Zeitmanagement zu optimieren.

114 KV 31:
Zeitmanagement
optimieren

31 | Zeitmanagement optimieren

++ in hohem Maße
 + durchaus
 − eher nicht
 −− überhaupt nicht

	StuFi-Wert		Das halte ich für empfehlenswert.	Bisher arbeite ich damit.	Das werde ich übernehmen.
A.		Eine schriftliche Zeitplanung mit festgelegtem Schlusstermin für die Fertigstellung einer Aufgabe			
B.		Eine Aufgabe sobald wie möglich erledigen			
C.		Klassenarbeiten, Tests und Klausuren so konzipieren (z. B. Standardvorlagen), dass sie leicht(er) zu korrigieren sind			
D.		Sammelwut eindämmen und Ablageberge vermeiden und konsequent trainieren: Weg damit!			
E.		Arbeitsblätter und Kopiervorlagen scannen, im PC ablegen und in Verzeichnis eintragen			
F.		Unterrichtsvorbereitungen und Korrekturarbeiten größtenteils möglichst in der Schule			
G.		Perfektionismus sorgt meist für ein Missverhältnis zwischen Zeitaufwand und Ertrag: Gut ist oft besser als perfekt.			
H.		Bei Internet-Recherchen sind Zeitdiebe im Spiel – deshalb vorher Zeitlimit festlegen und einhalten.			
I.		Zeiten einplanen und einhalten, die frei sind von Telefon und Handy oder Abrufen von SMS und/oder E-Mails			
K.		Das eigene Zeitplansystem überprüfen, ob es den Ansprüchen noch genügt – gegebenenfalls aktualisieren oder Alternative wählen.			

Erfolgsaussichten

Optimismus allein ist nicht ausreichend

Schätzaufgaben als Basis für Erfolgserlebnisse

Der Mensch hat grundsätzlich gerne recht. So genießt er selbst dann ein Erfolgserlebnis, wenn er eine ungünstige Prognose gestellt hat, und das Ereignis tritt dann tatsächlich so ein. Wer in einer Schön-Wetter-Phase ein Unwetter ankündigt, das ihm niemand abnimmt, genießt wenig später selbst Wolkenbruch und Hagel mit dem stolzen Hinweis: »Na, hab ich's nicht gesagt!?«

Wer eine Erwartungshaltung mit Aussicht auf Erfolg koppelt, engagiert sich stärker, hat im wahrsten Sinn des Wortes mit einer Aufgabe etwas zu tun. Schätzaufgaben bieten eine Fülle von Möglichkeiten für Erfolgserlebnisse.

Gewichte

Die Schülerinnen und Schüler nehmen ein paar Bücher in die Hand und schätzen das Gewicht. Anschließend werden die Bücher gewogen, und jeder kann sein geschätztes Gewicht mit dem tatsächlichen Ergebnis vergleichen. Je besser die Schätzung, desto höher das Erfolgserlebnis. Anschließend nimmt jeder die Bücher noch einmal in die Hand und registriert das tatsächliche Gewicht: »Also, das sind 1 300 g!« Wer eine solche Übung mit allen möglichen Gegenständen öfter macht, bekommt mit der Zeit »ein Händchen« für Gewichte.

Entfernungen

Kurze Abmessungen und Abstände im Raum oder längere Distanzen im Freien werden zunächst geschätzt: Wie lang ist das Klassenzimmer? Wie groß ist der Abstand zwischen den beiden Bäumen? usw. Wer eine Zahl genannt hat, will das Ergebnis wissen. Nach der Schätzung wird gemessen. Wer hat Anlass, sich zu freuen? Doch selbst wer mit seiner geschätzten Zahl weit daneben liegt, macht eine gute Lernerfahrung, die ihm bei der nächsten Schätzung zugute kommt. Wer häufig Abmessungen, Abstände und Entfernungen schätzt und mit dem realen Ergebnis vergleicht, hat schon bald »ein Auge« für Distanzen.

Zeiten

Besonders hilfreich bei der Prüfungsvorbereitung sind Erfahrungswerte mit Zeitangaben. Wie lange brauchst du wohl, um diesen Text vorzulesen? Wie lange wird es dauern, bis du diese oder jene Strecke zurückgelegt, diese oder jene Aufgabe erledigt hast? Mit solchen Schätzübungen lässt sich eine positive Tempomotivation fördern und jeder entwickelt dabei ein gutes »Gespür für Zeit«.

Satzsuche

Ein Erfolgserlebnis ganz anderer Art kann eine »Satz- und Schatzsuche« vermitteln. Im Jahr 2007 haben die *Initiative Deutsche Sprache* und die *Stiftung Lesen* den internationalen Wettbewerb »Der schönste erste Satz« (erschienen im Hueber Verlag, 2008) ausgeschrieben. Erwachsene, Jugendliche und Kinder waren aufgerufen, den Titel eines deutschsprachigen Buches vorzuschlagen, dessen erster Satz sie bezaubert, beeindruckt oder neugierig gemacht hat: Welche Erwartungen weckt er? Welche Stimmung löst er aus?

Mehr als 17 000 Menschen sind dem Aufruf gefolgt und haben sich auf die Suche nach dem schönsten ersten Satz deutschsprachiger Romane und Erzählungen gemacht. Die Lehrerin einer fünften Klasse erzählt:

»Als ich beschloss, an diesem Wettbewerb teilzunehmen, war die Begeisterung in der Klasse nicht gerade groß. Dennoch kamen alle Schüler mit Karteikarten und Stift bewaffnet in die Bücherei. Dort geschah dann etwas sehr Erstaunliches: Selbst die größten Lesemuffel stöberten durch die Gänge oder suchten sich ein ruhiges Plätzchen zum Lesen. Schüler, die schon seit einem halben Jahr kein Buch mehr ausgeliehen hatten, konnten gar nicht aufhören zu lesen.«

Der erste Satz als Türöffner, der in das Buch hineinzieht. Die Aufgabe »Suche den schönsten ersten Satz und begründe deine Entscheidung« ist nur zu lösen, wer mehr liest als diesen einen Satz. Und doch wirkt die Aussicht, nicht ein ganzes Buch lesen zu müssen, sondern nur einen einzigen Satz zu suchen, aufgrund einer hohen Erfolgsaussicht sehr motivierend.

Mut zur Lücke

Nach den ersten Sätzen könnten Schätzungen und Vermutungen folgen: Wie geht die Geschichte weiter? Im Fremdsprachenunterricht könnten Fragmente eines Satzes, z. B. nur ein paar ausgewählte Vokabeln, ausreichen, um über die mögliche Aussage zu spekulieren. Die Schülerinnen und Schüler gehen wie Archäologen ans Werk, ergänzen und rekonstruieren: Worum könnte es in einem Text gehen, von dem ich nur diese Informationen habe? Wer einen »Verdacht« äußert, ist stark an der Auflösung interessiert, selbst wenn die Aussage des Satzes überhaupt nicht spannend wäre.

»Unserem menschlichen Wollen ist es nie gelungen, die Ziele zu erreichen, die wir uns gesteckt haben; und wenn es doch einmal gelungen wäre, würden wir wieder Höheres von uns verlangen und diesem nur ebenso eifrig und vergeblich nachjagen.«
Michel Eyquem de Montaigne, Die Essais

Höherer Zeitaufwand allein erhöht Erfolgsaussichten selten. Wo sehen Sie Ihre Position in diesem Koordinatensystem? Steht der Zeitaufwand bei der Unterrichtsvorbereitung in einem ausgewogenen Verhältnis zum gefühlten Unterrichtserfolg? Ein hoher Zeitfaktor in Kombination mit einem niedrigen Erfolgsfaktor macht krank.

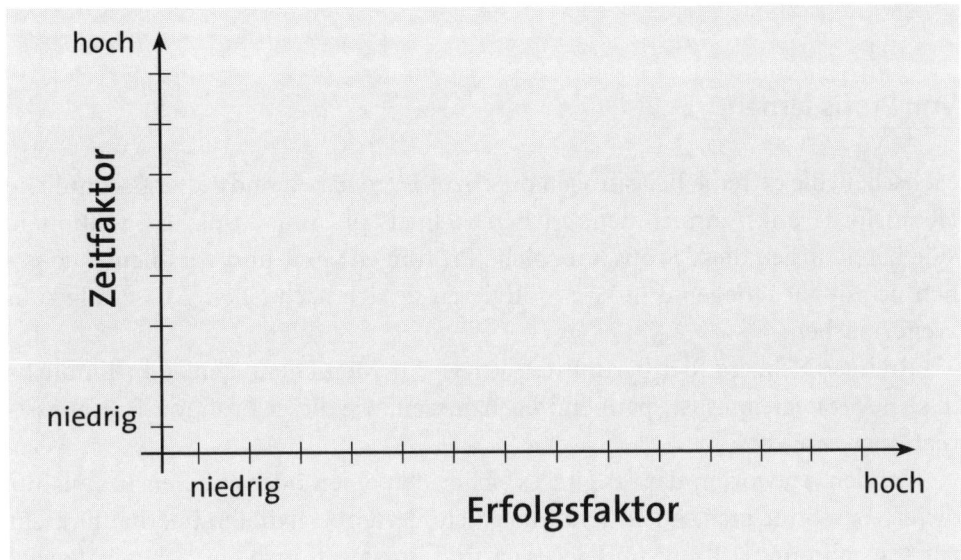

Betrachten Sie einmal Ihre Erfolgsaussichten in diesem erweiterten Koordinatenkreuz. In welchem Feld sind Sie am häufigsten anzutreffen? Ist das für Sie in Ordnung so? Wenn Sie sich in dieser Ecke aber nicht wohl fühlen, finden Sie vielleicht durch eine Verschiebung an der Zeitachse einen Weg in die gewünschte Richtung.

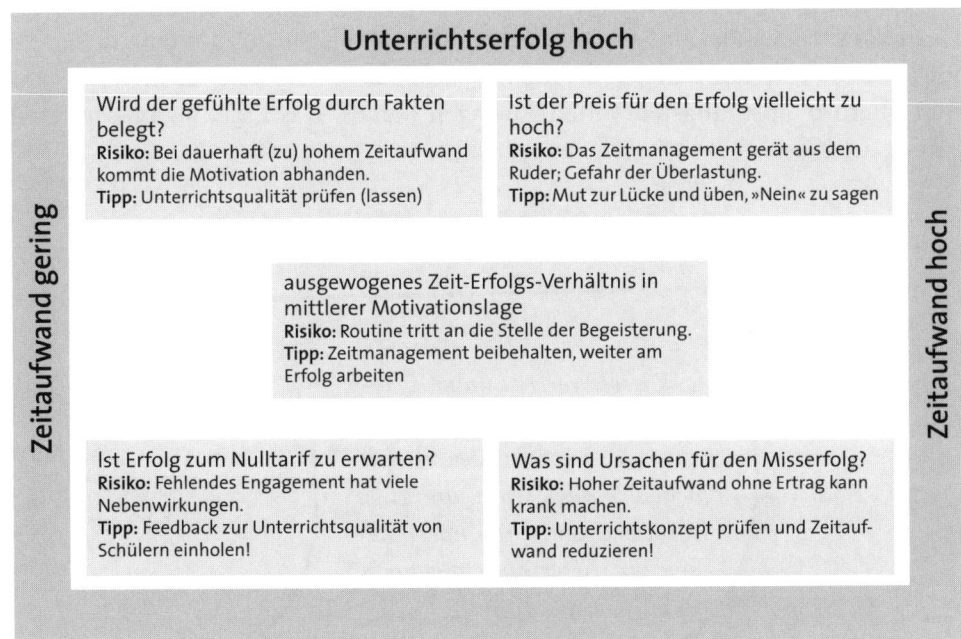

5 | Profi-Strategien

Wie Profis sich auf eine Prüfung vorbereiten

Von Profis lernen

KV 32:
Interview mit
Rüdiger Nehberg,
Aktivist für
Menschenrechte
119 f.

Menschen, die extreme Belastungen durchzustehen haben und außergewöhnliche Herausforderungen annehmen, erleben vielmals prüfungsähnliche Situationen. Wie bereiten sich diese Profis auf solche Prüfungen vor – und vor allem, wie gehen sie mit Niederlagen um? Wie motivieren sie sich nach einem Misserfolg zum Weitermachen?

Rüdiger Nehberg, der berühmte Aktivist für Menschenrechte, gibt Einblicke in seine Strategien. Es ist spannend nachzulesen, wie dieser Profi mit Prüfungssituationen umgeht.

Bei den Antworten darauf gibt es sicher den einen oder anderen Impuls für die eigenen Strategien. Auch wenn die geschilderten Aktivitäten überhaupt nicht zur Nachahmung gedacht und geeignet sind, so steckt doch ein hohes Potenzial an Ermutigung in jedem seiner kurzen Berichte.

KV 33:
Interview mit
Rainer Schmidt, Tisch-
tennis-Weltmeister
(Paralympics)
122 f.

Weitere Interviews mit einer Fluglotsen-Ausbilderin, einem Fernsehschauspieler, dem Geschäftsführer eines Zoos und einer Sängerin stehen im Internet als Download zur Verfügung: www.studienhaus-am-dom.de

Es ist bestimmt eine reizvolle Aufgabe, die Interviews miteinander zu vergleichen und auf die gemeinsamen oder verschiedenen Strategien hin zu untersuchen. Dazu könnten Schülerinnen und Schüler sich in Arbeitsteams auf eine dieser erfolgreichen Profis konzentrieren. Sie suchen sich das entsprechende Interview aus und filtern die prüfungsrelevanten Aussagen heraus. Das Ergebnis präsentieren sie vor der Klasse.

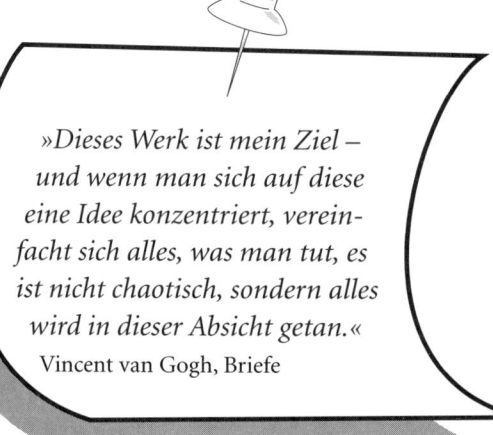

»Dieses Werk ist mein Ziel – und wenn man sich auf diese eine Idee konzentriert, vereinfacht sich alles, was man tut, es ist nicht chaotisch, sondern alles wird in dieser Absicht getan.«
Vincent van Gogh, Briefe

Interview mit Rüdiger Nehberg, Aktivist für Menschenrechte (1)

Quelle: target-nehberg.de

 Herr Nehberg, mit Ihrem Namen sind viele Erfolgsmeldungen verbunden. Sie haben die unterschiedlichsten Herausforderungen angepackt und bravourös gemeistert. Wie definieren Sie für sich persönlich den Begriff »Erfolg«, was war Ihr bisher größtes Erfolgserlebnis?

»Erfolg« ist für mich die Realisation eines Vorhabens, dessen Endresultat nicht von vorn herein feststeht, und das mit besonderer Strategie erarbeitet werden muss. Mein größtes Erfolgserlebnis war die Verwirklichung der Vision, der Welt höchste islamische Geistliche zu einer Konferenz in die Azhar-Universität einzuladen und zu der Entscheidung zu ermutigen, das Verbrechen der weiblichen Genitalverstümmelung für Muslime zur Sünde zu erklären, unvereinbar mit der Ethik des Islam. Das ist mir und meiner Frau Annette am 24.11.2006 in Kairo gelungen.

 Haben Sie auch schon Situationen erlebt, in denen Sie am liebsten »alles hingeschmissen« hätten? Wenn ja, wie haben Sie sich oder was hat Sie zum Weitermachen motiviert?

Ja. Als ich nach zehn Jahren körperlichem Einsatz im Bürgerkrieg brasilianischer bewaffneter Goldsucher (65 000) gegen die Yanomami-Indianer (20 000) vor einem von Goldsuchern niedergebrannten Indianerdorf stand und das Gefühl hatte, gegen die durchorganisierte Goldmafia aus Politikern und Militär keine Chance zu haben, den drohenden Völkermord zu stoppen. Meine Chance: Niederlagen haben mich nie dauerhaft deprimiert. Im Gegenteil: Wut angesichts der Verbrechen hat mich immer besonders kreativ gemacht. Mir kamen im Handumdrehen stets neue Ideen, wie man mit spektakulären Aktionen das Unrecht weltweit ins Gespräch bringen und die pro-indianische Lobby vergrößern könnte. Im Jahre 2000 (nach 18 Jahren Engagement) war es soweit: die Yanomami erhielten infolge internationalen Drucks einen akzeptablen Frieden. Ihr Land von der Größe der Schweiz steht nun unter relativem Schutz. Meine Hauptmotivation und wichtig für das Durchhalten waren immer drei Faktoren: Ich wusste, wofür ich kämpfte, weil ich Augenzeuge geworden war. Daraus resultierten Wut und Entschlossenheit. Und bald kamen erste Erfolge zustande. Gegen dieses Motivationskonglomerat ist kein Kraut gewachsen.

 Wie bereiten Sie sich auf eine »Prüfung« vor? Wie viel Planung investieren Sie in eine neue extreme Herausforderung? Wie stellen Sie sich auf Unvorhergesehenes oder Unvorhersehbares ein?

Als Erstes analysiere ich alle denkbaren Probleme. Bei der Fahrt mit dem Tretboot über den Atlantik waren das Piraten, Schiffbruch, Durst, Nässe, Kollisionen, Einsamkeit, Krankheit. Dazu kamen meine Angst vor Wasser, chronische Seekrankheit und null Ahnung von Navigation und Schiffbau. Entsprechend liefen dann die Vorbereitungen ab. Kurse, körperliche Trainings, Konsultation von Experten. Irgendwann hatte ich gegen alle Probleme auch noch mindestens ein weiteres As im Ärmel. Das alles dauerte neun Monate, weil ich nebenbei meinem Beruf als selbstständiger Konditor nachgehen musste. Aber die Vorbereitungen waren für mich genauso reizvoll und spannend wie die Reise selbst. Dennoch habe ich mich nie »zugeplant«. Das Restrisiko sollte immer auch eine faire Chance haben. Es machte den Reiz meiner Reisen aus: Abenteuer-Schach (Buch »Überleben ums Verrecken«). Später, mit inzwischen gestiegenen Erfahrungen, brauchte ich bei anderen Wagnissen fast gar keine Vorbereitung mehr. Beispielsweise, als ich im Alter von 65 Jahren noch einmal mit einem massiven Baumstamm über den Atlantik gefahren bin. Oder als mich mit 68 Jahren ein Hubschrauber nackt und ohne Hilfsmittel im brasilianischen Urwald ausgesetzt hat, und ich nach dreieinhalb Wochen wieder in der Zivilisation auf der Matte stand.

 Hatten Sie schon einmal Angst vor irgendwem oder irgendetwas? Wenn ja, wie sind Sie mit der Angst umgegangen?

Angst habe ich vor einem qualvollen Tod, zum Beispiel unter Folter. Angst habe ich mir aber als wichtiges Alarmsignal des Körpers immer erhalten. Ich habe sie nie abtrainiert, sondern »kultiviert«. Als 1970 mein Freund Michael vor meinen Augen von einem Dutzend Banditen aus zwei Metern Entfernung am Blauen Nil (Äthiopien) erschossen wurde, war es uns zwei (nur mit Glück) Überlebenden gelungen, den Angriff zu stoppen. Das gelang, weil wir ebenfalls, aber unsichtbar bewaffnet waren. Wir trugen einen Revolver unterm Hemd. Wir flohen dann mit unserem plumpen Boot. Uns war klar, dass die Feinde uns als Zeugen ausschalten wollten. Wir waren auf den mäandernden Fluss angewiesen, die Verfolger hatten den Vorteil der Ortskenntnis. In den ersten Momenten nach dem Mord reagierte mein Körper mit nie gekannter Anspannung. Ich war bereit, jeden zu töten, der sich uns genähert hätte. Alles war auf Flucht und Notwehr ausgerichtet. Ich habe mir in die Hosen gemacht, weil der Darm revoltierte, und man sich nicht die Zeit zu nehmen wagte, die Notdurft wie üblich zu verrichten. Erst nach fünf Tagen erreichten wir die Zivilisation, lösten eine Fahndung aus und haben die Täter gefangen (»Abenteuer am Blauen Nil«).

Interview mit Rüdiger Nehberg,
Aktivist für Menschenrechte (3)

 Haben Sie einen Tipp für Schüler, die Prüfungsangst haben?

Wer Prüfungsangst hat, sollte der Angst in vielfacher Weise begegnen. Vor allem mit bestmöglicher Vorbereitung. Sie schafft das nötige Selbstvertrauen, stärkt das Selbstwertgefühl und verhindert unnötige Panik. Am Tag vor den Prüfungen habe ich das Prüfungsthema ein letztes Mal durchgepaukt. Um 17 Uhr war Feierabend, und es gab keinerlei Ablenkung mehr durch Musik, Fernsehen oder anderes. Ich versuchte, bestmöglich ausgeschlafen zu sein und gönnte mir vor der Prüfung eine besondere Stunde der Ruhe und Konzentration. Manchem Prüfling mag es helfen, sich homöopathisch zu stärken (Bachblütentropfen gegen Konzentrationsprobleme, Panik und zur Stärkung des Selbstvertrauens, Notfall-Bonbon). Oder gar die Einnahme eines Psychotonikums. Doch dazu sollte man die Reaktion des eigenen Körpers gut kennen. Hilfreich kann auch sein, sich für den Fall des totalen Zusammenbruchs eine Mogelmöglichkeit (Notizen im Kugelschreiber) zu schaffen, wohl abwägend, dass bei Auffliegen der Täuschung Prüfung und Vorarbeit für die Katz waren.

 Ihr extremes Engagement kann man nicht »einfach« nachahmen. Aber man kann an Ihren Aktionen teilhaben. Was könnte jemand tun, der sich für Ihre Anliegen engagieren möchte?

Er kann gern bei meiner Menschenrechtsorganisation TARGET (deutsch: *ZIEL*) als Förderer mitmachen. Der Jahresbeitrag beträgt bescheidene 15 Euro. Worauf sich ein Förderer einlässt, verrät unsere Homepage. Es ist der Kampf gegen das Verbrechen »Weibliche Genitalverstümmelung«; und zwar gemeinsam mit den geistlichen Führern des Islam als einzigen Partnern. Die Vereinsgründung war erforderlich geworden, nachdem konventionelle Organisationen eine solche Kooperation für absurd hielten (»Der Islam ist nicht dialogfähig.«). Der eigene Verein verschaffte mir und meiner Frau Annette die erforderliche absolute Unabhängigkeit und inzwischen die historischen Erfolge. Näheres auf unserer Homepage www.target-human-rights.com und im Buch »Karawane der Hoffnung – ein Märchen wie aus 1001 Nacht«.

Interview mit Rainer Schmidt, Tischtennis-Weltmeister (Paralympics) (1)

Rainer Schmidt
(© Roland Friese)

 Herr Pfarrer Rainer Schmidt, im Tischtennissport sind mit Ihrem Namen viele Erfolgsmeldungen verbunden. Wie definieren Sie für sich persönlich den Begriff »Erfolg«? Was war Ihr bisher größtes Erfolgserlebnis?

Für mich ist der schönste Erfolg, über mich hinauszuwachsen. Auf Tischtennis bezogen heißt das, nur der Sieg macht mich wirklich glücklich, bei dem ich alles geben musste. Daher sind meine beiden größten Erfolge im Tischtennis die gewonnene Kreismeisterschaft 1981 in Bielstein und die Goldmedaille bei den Paralympics 1992 in Barcelona. In Bielstein habe ich direkt mein erstes Spiel verloren, mich dann aber über acht Runden bis ins Finale gekämpft, wo der Spieler aus Runde 1 auf mich wartete. Den musste ich zweimal besiegen, da im Doppel-K. o.-System gespielt wurde. Physisch am Limit, habe ich mich in einen Rausch gespielt und es schließlich geschafft. In Barcelona war es ähnlich. Allerdings gab es da 12 000 Zuschauer, also musste ich auch noch die Nervosität besiegen. In diesem Endspiel habe ich dann sensationelle Bälle gespielt, und das wurde mit Standing Ovations vom Publikum belohnt. Kurzum, je mehr ich mich für den Sieg anstrengen musste, desto schöner der Erfolg. Nichts ist langweiliger als einen hoffnungslos unterlegenen Gegner zu besiegen. Wie im Sport erlebe ich das übrigens auch sonst. Die bestandenen Prüfungen, für die ich richtig ackern musste, haben mich überglücklich gemacht. Unterforderungen langweilen mich. Überforderungen machen mir allerdings Angst. Um Erfolg zu erleben brauche ich also eine Herausforderung, die mir möglich erscheint, aber all meine Kraft verlangt.

 Haben Sie auch schon Situationen erlebt, in denen Sie am liebsten »alles hingeschmissen« hätten? Wenn ja, wie haben Sie sich oder was hat Sie zum Weitermachen motiviert?

Wenn hinschmeißen heißt, etwas unwiderruflich zu beenden, dann ist meine Antwort ja. Ich habe zum Beispiel meinen ersten erlernten Beruf aufgegeben. Als Beamter in einer Behörde habe ich keine Erfüllung gefunden. Also habe ich nach langen inneren Kämpfen entschieden, Theologie zu studieren. Die Frage nach Gott fand ich viel spannender als die Frage nach Abwassergebühren. Wichtig war aber, ich schmeiße nicht mein ganzes Leben hin, sondern ich gebe eine Sache auf, um mich einer anderen zu widmen. Wer an einer Auf-

gabe oder an seinem Beruf scheitert, der darf was Neues anfangen. Heute halte ich für entscheidend, das zu finden, was wirklich zu mir passt. Und das kann sich über die Jahre ändern. Ich habe gerne als Pfarrer in der Gemeinde gearbeitet, bin jetzt aber an einem Institut tätig. Wenn Hinschmeißen meint, nach einem Misserfolg frustriert aufzugeben, dann nein. In meinem Leben hat selten etwas von Anfang an richtig gut geklappt. Weder war ich sofort ein guter Tischtennisspieler, noch war ich stets ein Musterschüler. Vermutlich waren es aber zwei Dinge, die mich motiviert haben, durchzuhalten. Erstens, ich habe gemerkt, dass ich immer wieder dazu lerne. Im Tischtennis wurde ich stets ein wenig besser. Neben Frustrationen gab es auch immer Erfolgserlebnisse. Zweitens, ich hatte Mitspracherecht. Wenn mir das Training zu viel wurde oder nicht gefiel, dann konnte ich das meinem Trainer sagen. Gemeinsam haben wir dann überlegt, was zu ändern sei. Zum Glück hat keiner meiner Trainer nach der Devise gearbeitet: »Friss oder stirb« bzw. »Klappe halten und gehorchen«.

 Wie bereiten Sie sich auf einen Wettkampf, auf eine »Prüfung« vor? Wie stellen Sie sich auf Unvorhergesehenes oder Unvorhersehbares ein?

Vorbereiten heißt, viel Trainieren. Je näher der Wettkampf rückt, desto mehr trainiere ich Wettkampfsituationen – also flexible Aufschläge, Kurzsätze gegen unterschiedliche Schlägerbeläge (fordert schnelles Einstellen auf die

Situation). Unvorhergesehenes wird mit Störungen trainiert. Etwa indem auf die Tischtennisplatte Bierdeckel gelegt werden. Kommt der Ball da auf, springt er flacher ab als üblich. Dann kann man darüber meckern, oder man versucht, weiterzuspielen. Bei Prüfungen mache ich es genauso. Erst eine Lerngruppe bilden und dann Prüfungen simulieren. Da kann man bewusst irritierende Fragen stellen, oder jemand stört mit einem Geräusch, und man versucht dennoch konzentriert zu bleiben. Können und Konzentration sind die beiden wichtigsten Dinge in Wettkampf und Prüfung. Und Konzentration meint auch Überwindung der Angst.

 Hatten Sie schon einmal Angst vor irgendwem oder irgendetwas? Wenn ja, wie sind Sie mit der Angst umgegangen?

Vor jedem wichtigen Wettkampf habe ich Angst zu versagen. Und vor jeder ungewissen Situation auch. Wenn ich zum Beispiel ein Seminar für Personalführungskräfte mache, die alle vom Chef zur Teilnahme verpflichtet wurden, dann habe ich keine Ahnung, ob die alle abblocken oder kooperativ sind. So etwas verunsichert und beunruhigt mich. Weglaufen wäre nun eine Möglichkeit, mit der Angst umzugehen. Aber dann hätte ich nie Gold gewonnen. Also versuche ich, die Angst zu überwinden und kleiner zu machen. Zum einen sage ich mir: Wenn du verlierst, ist das auch kein Drama. Zum anderen versuche ich, mich ganz auf meine Aufgabe zu konzentrieren. Statt

über Gewinnen und Verlieren nachzudenken, spiele ich im Kopf immer wieder meine Bewegung für einen Vorhandtoppspin durch. Ich wiederhole ständig meine Taktik, die ich umsetzen möchte. Das lenkt mich von der Angst ab, und dann kann ich mich im Wettkampf sofort an die Taktik erinnern.

 Haben Sie einen Tipp für Schülerinnen und Schüler, die Prüfungsangst haben?

Ich habe sogar zwei. Erstens, viele Prüfungen machen. Die Prüfungssituation ist ein Ernstfall wie ein großes Turnier. Vor jeder Paralympics spiele ich viele, relativ unwichtige Turniere, nehme sie aber ganz ernst. Vor einer wichtigen Prüfung kann man auch Prüfungen spielen, die man aber ernst nehmen sollte. So kann man sich an die Situation gewöhnen.

Vor meiner ersten Predigt in der Gemeinde habe ich Predigten vor Freunden geübt. Sobald uns eine Situation vertraut ist, verringert sich die Unsicherheit und Angst. Bevor ich in Peking im Wettkampf stand, habe ich bereits in dieser Arena trainiert. Gut ist es, den Prüfungsraum und, wenn möglich, den Prüfer zu kennen. Zweitens, das Ergebnis einer jeden Prüfung hängt nie alleine vom Prüfling ab, sondern immer auch vom Prüfer. Es gibt gute Prüfer, die alles aus den Kandidaten rausholen, was diese wissen. Und es gibt schlechte Prüfer, die permanent verunsichern und unverständliche Fragen stellen. Im Sport haben der Gegner und unvorhergesehene Ereignisse immer auch Einfluss auf Sieg oder Niederlage. Alles, was ich als Athlet oder Prüfling machen kann, ist, mich auf meine Aufgabe zu konzentrieren und alles zu geben.

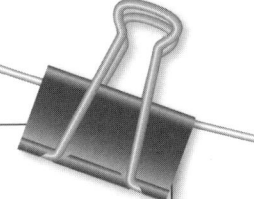

Interview mit Rainer Schmidt, Tischtennis-Weltmeister (Paralympics)

33

Rainer Schmidt

Vom Wollen zum Können – Kernaussagen seiner sportlichen Erfahrungen

- Unterforderung ist demotivierend – Überforderung erzeugt Angst.
- Die Angst vorm Gegner ist im Sport tödlich.
- Eine wie immer definierte Norm ist ungerecht; wichtig ist es, sich bewusst mit sich selbst zu vergleichen.
- Das absolute Vertrauen zum Trainer lässt mich ertragen, dass er mich ständig kritisiert.
- Ich kann nicht alles, aber ich kann etwas – Ich darf mitmachen.
- Trainer: »Sportler, ich brauche Euch!«
- Du bist wer, egal, was du kannst.
- Zunächst ist nicht die Leistung wichtig, sondern der Mensch.
- Du bist wichtiger, als die Summe deiner Leistungen.
- Wollen und Können haben immer eine soziale Dimension.
- Akzeptanz ist wichtiger als Können.

Transfer zum Lernen:

Was motiviert Menschen, sich mit etwas Neuem zu beschäftigen?

- das Gefühl leistungsfähig zu sein
- Mut, sich einer Aufgabe zu stellen
- das Vertrauen anderer
- Das Ziel muss erreichbar sein.
- die persönliche Relevanz des Themas
- der Vergleich mit anderem

Von Profis lernen

Welche Aussagen von Tischtennis-Weltmeister (Paralympics) Rainer Schmidt sind besonders beeindruckend, welche sind hilfreich? Gibt es auch Aussagen, die unverständlich oder unwichtig sind? Wenn ja, welche?

> »Je öfter du fragst,
> wie weit du zu gehen hast,
> desto länger scheint die Reise.«
> Neuseeländisches Sprichwort (Maori)

Literaturverzeichnis

Adam, Nanda (2005): Zur Verantwortung erziehen. Weinheim.: Vortrag: Beltz Forum »Lernen lernen«.

Bauer, Joachim (2007): Lob der Schule: Sieben Perspektiven für Schüler, Lehrer und Eltern. Hamburg: Hoffmann und Campe.

Bernhart, Annette et al. (2007): Methodentraining: Kooperatives Lernen. Donauwörth: Auer Verlag.

Bolles, Richard Nelson/**Leitner,** Madeleine (2002): Durchstarten zum Traumjob – Das Workbook. Frankfurt a. M./New York: Campus Verlag.

Böss-Ostendorf, Andreas/**Senft,** Holger (2005). »Beat it! – Der Prüfungscoach für Studium und Karriere« Frankfurt a. M./New York: Campus Verlag.

Charbel, Ariane (2005): Top vorbereitet in die mündliche Prüfung. Nürnberg: BW Bildung und Wissen.

Deutsche Post AG (Hrsg.) (2008): Ringelnatz, Joachim: Bist du schon auf der Sonne gewesen? Sonderausgabe. Heidelberg: Hofbauer Media Group.

Duden (Hrsg.) (2007): Prüfungstraining Deutsch Abitur. Mannheim: Bibliographisches Institut & F. A. Brockhaus AG.

Endres, Wolfgang/**Wiedenhorn,** Thomas/**Engel,** Anja (Hrsg.) (2008): Das Portfolio in der Unterrichtspraxis. Weinheim: Beltz.

Endres, Wolfgang (2004): Das Anti-Pauksystem. Weinheim/Basel: Beltz.

Feist, Ansgar/**Bente,** Gary (1996): Computer-Morphing: Ein Verfahren zur Untersuchung geschlechtsbezogener Personwahrnehmungs- und Urteilsprozesse: Universität zu Köln (unter Mitarbeit von Ch. Frick, A. Hirsmüller und A. Tischlik).

Fengler, Jörg (2009): Feedback geben. Weinheim: Beltz Verlag.

Fried, Erich (1983): Was es ist. In: **Fried,** E.: Es ist was es ist. Berlin: Verlag Klaus Wagenbach.

FU-Berlin (Hrsg.): Studienberatung und Psychologische Beratung. Zeitmanagement während der Prüfungsvorbereitung. Online-Kurs. www.fu-berlin. de/studienberatung/e-learning/lernmodule/alle/ index.html

FU-Berlin (Hrsg.): Studienberatung und Psychologische Beratung. Arbeitsgruppen zur Prüfungsvorbereitung. Online-Kurs. www.fu-berlin.de/ studienberatung/e-learning/lernmodule/alle/ index.html

Gmrim, Jcoab und Wehillm (2004): Hnas im Gülck. Beriln-Könipeck: Ktzenagraebn-Persse.

Grotehusmann, Sabine (2008). Der Prüfungserfolg – Die optimale Prüfungsvorbereitung für jeden Lerntyp. Offenbach: Gabal Verlag.

Hasselhorn, Marcus (2001): Metakognition. In: **Rost,** Detlev H. (Hrsg.): Handwörterbuch Pädagogische Psychologie. Weinheim: Beltz PVU.

Hunziker Hans-Werner (2006): Im Auge des Lesers. Foveale und periphere Wahrnehmung: Vom Buchstabieren zur Lesefreude. Zürich: Transmedia Verlag, Stäubli Verlag AG.

Hüther, Gerald/**Nitsch,** Cornelia (2008): Wie aus Kindern glückliche Erwachsene werden, München: Gräfe und Unzer Verlag.

Initiative Deutsche Sprache und Stiftung Lesen (Hrsg.) (2007): »Der schönste erste Satz« – eine Auswahl der charmantesten und eindrucksvollsten Beiträge zur internationalen Wettbewerb. Hueber Verlag.

Lernfuchs (Hrsg.): Prüfungen bestehen. Compact Verlag.

Kordon, Klaus (2007): Julians Bruder. Weinheim/Basel: Beltz & Gelberg.

Mandl, Heinz/**Friedrich,** Helmut Felix: Lern- und Denkstrategien. Analyse und Intervention. Göttingen-Toronto-Zürich: Hogrefe

Mattes, Wolfgang (2007): Routiniert planen – effizient unterrichten. Paderborn: Schöningh Verlag.

Müller, Andreas (2008): Mehr ausbrüten, weniger gackern. Bern: hep-Verlag.

Neubauer, Aljoscha/**Stern,** Elsbeth (2007): Lernen macht intelligent – Warum Begabung gefördert werden muss. München: Deutsche Verlags-Anstalt.

Ringelnatz, Joachim (2005): Die Ameisen. In: **Ringelnatz,** J./**Hauptmann,** T.: Das große Ringelnatz-Buch. Die schönsten Gedichte und Geschichten. Zürich: Diogenes.

Rosa, Hartmut (2006): Leben Lernen!? Der andere Bildungsauftrag der Schule. St. Blasien (www. studienhaus-am-dom.de, Abruf am 27. Mai 2009).

Schardt, Friedel (2009): Coaching für Lehrer. Göttingen: Vandenhoek & Ruprecht.

Schreblowski, Stephanie (2004): Training von Lesekompetenz. Münster: Waxmann.

Schmidt, Rainer (2004): Lieber Arm ab als arm dran. Gütersloh: Gütersloher Verlagshaus.

Schmidt, Rainer (2008): Spielend das Leben gewinnen – Was Menschen stark macht. Gütersloh: Gütersloher Verlagshaus.

Stern, E. (2006): Wissen, nicht Intelligenz ist der Schlüssel zum Können. Vortrag: Beltzforum »Lernen lernen«, Weinheim.

Unruh, Thomas (2008): Der Lehrer-Coach. Buxtehude: AOL-Verlag.

Winter, Felix (Hrsg.) (2008): Portfolio im Unterricht. Seelze-Velber: Klett/Kallmeyer.

Wolke, Robert L. (2004): Woher weiß die Seife, was der Schmutz ist? München: Pieper.